戦争は弱者を犠牲にする

目次

第一部　戦争孤児として今伝えたいこと……3

初めに……5

対談　人よりも国が大事なんだろうか……13

第二部　戦中・戦後の体験と願い……55

第一章　孤児としての私の軌跡……57

第二章　戦争は弱者を犠牲にする……83

第三章　「哀しみの心」を伝える……105

第四章　少年も戦争に駆り出された……113

さいごに……123

著者紹介……127

第一部　戦争孤児として今伝えたいこと

初めに

一九四五年、三月十日の東京大空襲により、母と姉妹を亡くし戦争孤児となった金田茉莉さん。戦後も四十年間、差別や偏見を恐れ孤児であることを明かさなかったと言います。家族を失った悲しみに向き合いながら、孤児たちがたどった過酷な人生の記録を後世に伝える活動を続けておられる金田茉莉さんのお話から、人間の相《すがた》をたずねていきます。

―戦争孤児について調査し、伝えていく活動を始められたきっかけは。

金田　私が四十八歳の時に胆のうが風船のように膨らむという病気になり、破裂寸前で、手術が一日遅れていれば命が助からなかったかもしれないという経験をしました。そのような境遇に遭って人生観が変わったといいますか、これまでの自分の人生を振り返って記録に残しておきたいという思いが起こり、自分史をまとめた『母にささげる鎮魂記』を執筆しました。その書籍が出

金田茉莉氏

版された後、戦争孤児を経験してきた人たちに読んでもらおうと思い、学童疎開を研究する会である「全国疎開学童連絡協議会」に入ったのですが、そこで自分と同じように集団疎開中に孤児になった人がたくさんいるということを知ったのです。そのことが、活動の大きなきっかけになりました。

それ以来、東京大空襲の犠牲者追悼施設である「東京都平和祈念館（仮称）」の建設を求める活動や戦後補償を求める裁判などの活動を一生懸命行ってきました。しかしその中で、さまざまな困難に遭遇し、共に活動をしてきた仲間たちが次々と亡くなっていったということもあり、何度も挫折することもありました。でも、これだけは何としても書き残しておかなければ、歴史に残しておかなければならないという思いがあって、これまで活動を続けてきました。もちろん自らの意思で行っている活動なのですが、もしかすると、空襲で亡くなった多くの人たちの願いが私を動かしているのではないかと思うこともあります。

――たくさんの戦争孤児が生まれた背景には学童疎開があるとのことですが、なぜ学童疎開が行われたのでしょうか。

金田　学童疎開は戦争の惨禍から子どもたちを守った画期的な国家事業だと思っている人も多く、戦争孤児の問題と結びつけて考えられていないようです。子どもを大事にするということが目的だったのではなく、次期戦闘要員の確保のため、一旦地方の安全な場所に避難させることが目的だったと言われています。また本土決戦になった時、子どもは足手まといになるからといった理由もあったようです。ですから、当時、健康で元気な子どもたちだけが疎開させられ、一方で、病弱であるとか障がいのある子どもたちは置いていかれました。また、疎開には一人あたり毎月十円という費用も必要でした。当時の学校の先生の初任給は五十円でしたから、かなり高額だったと言えます。他にも、疎開地で生活するための布団や衣類なども用意する必要がありましたから、それらを用意できない貧しい家庭の子どもたちも置いていかれました。

——金田さんご自身も学童疎開で家族と離ればなれになったことで、辛い経験をされたわけですね。

金田　学童疎開は、親戚や知人を頼って疎開する「縁故疎開」と学校毎に行われる「集団疎開」がありました。全国で学童疎開した小学生は九十万人から百万人いましたが、そのうち東京都では、「縁故疎開」が二十六万人、「集団疎開」が二十四万人で、合計五十万人いました。私が通っていた浅草区富士小学校では、約五百人が宮城県の鎌先温泉に集団疎開しました。東京の集団疎開は地域ごとに行き先が割り振られ、岩手県、福島県、山形県、新潟県などに疎開したようです。

一九四五年の三月、集団疎開をしていた六年生の児童が卒業を迎え、東京へ帰ることになりました。私は三年生でしたが、この後家族と一緒に疎開する予定になっていたこともあり、六年生と一緒に東京へ帰ることになりました。三月九日の夜に宮城県の白石駅から夜行列車に乗り、翌十日の朝に東京に着いたのですが、夜行列車に乗っている間に東京は空襲で爆撃を受け、駅に着いたら一面が焼け野原で、黒焦げの死体が至るところに転がっていました。まだ幼かった私は、現実とは思えない光景が広がっているのを目の当たりにして頭が真っ白になりましたが、母や姉妹の無事だけを念じていました。しかし願いもむなしく、その後母と姉の遺体が見つかりました。そして、妹の行方は結局わからないままとなってしまいました。

――両親や家族を亡くし孤児となってしまった子どもたちは、その後どのように生きていったのでしょうか。

金田　敗戦後、疎開した児童たちは親元へ引き取られていきましたが、家も親もなく帰るところが無くなってしまった孤児たちは、親戚や施設に預けられたり、あるいは養子に出されたりしました。しかし、預けられた先で無事平穏な生活がおくれたかというと、そうではなかったのです。邪魔者扱いで親戚中を転々とさせられたり、食事を十分に与えてもらえなかったりする子もたくさんいました。中には奴隷のように働かされ、人身売買される子もいたようです。

敗戦直後は社会が大変混乱した状況にありましたから、多くの家庭が食糧や物資をはじめ、仕事も無いような状況でした。ましてや当時は、たくさんの子どもを産んだ時代でしたから、ただでさえ生活が困窮し先行きが見えない中で面倒を見なければならない子どもがさらに増えるのは、正直迷惑と思っていた大人もたくさんいたと思います。

集団疎開をしていた子どもたちは、辛い生活を強いられながらも、またいつかは親に会えるという希望をもって耐え忍んでいましたが、中には親を亡くしたショックで希望を失い、自殺してしまう子もいました。さらには、預けられた先での過酷な生活に耐えきれず、逃げ出したりする子もいました。そして、やがて逃げ出した子どもたちが世の中にあふれ、浮浪児となっていったのです。
彼らは駅の地下道などで寝泊まりをしていて、着ている服もボロボロで体も汚れ放題でしたから、周囲には悪臭が漂い、世間からは「野良犬」「バイ菌」などと罵られ、嫌がられていました。食べ物はどこをさがしてもありませんでしたから、餓死する子もいましたし、冬になると凍死する子も相次ぎました。その後も浮浪児は増え続け、三万人とも言われるほどになりました。孤児施設もいくつか設けられましたが、圧倒的に数が足りていませんでした。それを見かねた国は浮浪児を一掃すべく、トラックでどこか遠くに運んで棄てたという証言や、檻に閉じ込めて逃げ出せないようにしていたとの証言もあります。当時の社会には、今では考えられないほど辛く厳しい現実がありました。

――そのような事実を詳らかにし、戦争の悲惨さを伝えることはとても大切なことだと思います。

金田　私が行った孤児の調査では、厚生省（当時）の全国孤児一斉調査（昭和二十三年二月）において、戦争孤児は十二万三千五百十一人いたとされていたことが判明しましたが、さらにこの調査の年齢別データから、その七割が疎開孤児だったこともわかりました。しかし、文部省（当時）は疎開孤児について隠蔽してしまい、この調査で判明した人数も公表されず、何十年も隠されてきました。弱者は闇に消され、都合の悪いことは全て隠されてしまう。それが戦争なのだと思います。戦争というものは、特に弱者に対しては冷酷なのだとあらためて感じました。

私自身、孤児となった子どもの頃の辛い経験もさることながら、大人になってからも差別を受け続けてきました。就職の際も孤児というだけで採用してくれない。結婚も孤児だからどこの馬の骨かわからない、どういう育ち方をしたのかわからないという理由で軽蔑されました。世の中にそのような風潮がありましたから、多くの孤児たちもまた、我が身の事実を隠してきたのです。戦争孤児の事実が隠されてこなければ、世の中はもう少し温かく迎えてくれたのではないかと感じています。

―「弱者は闇に消される」という言葉には大変強い衝撃を感じます。あらためて、そのような戦争を引き起こしてしまう人間について、どのようにお考えでしょうか。

金田　今でも私の心に深く刻まれているのは、東京大空襲で犠牲になった人たちのことです。彼らの遺体はゴミのように扱われ、東京湾に投棄されたり、公園に埋められたりしました。戦争は人を残酷にし、命を大事にできなくしてしまいますし、弱者に対する思いやりの心も失ってしまいます。

私がいつも思っていることは、戦争は〝人災〟であるということです。地震や洪水などは自然災害ですから、世界中に詳細な報道がなされます。今、新型コロナウイルスによる影響で世界中が混乱していますが、これも自然災害と言っていいでしょう。しかし、戦争は人間が起こしているわけですから、〝人災〟と言えます。そのため、都合の悪いことは公表されず、すべて隠されてしまいます。戦争孤児たちは親や家族を殺され、家や財産、故郷や友人など、すべてを失ってしまいましたが、さらに国からも見捨てられ、援助は何一つありませんでした。そのため、学校に通うこともできなかったうえ、劣悪な労働環境で酷使され虐待を受けることもありました。あげくの果てに社会からも軽蔑され、悲惨な道をたどりました。戦後七十年以上が過ぎ、戦争を知らない世代が大半を占めるような時代になり、またしても戦争ができる国になりそうな気配を感じています。そのような中、多くの人に戦争の真実を知っていただき、あらためて戦争とは何かを考えていかなければならないのだと思っています。

対談　人よりも国が大事なんだろうか

金田茉莉・前川喜平

東京大空襲

金田　当時全国で約一〇〇万人が学童疎開してたんですよ。学童疎開には縁故疎開と集団疎開ってありますけど。一九四四（昭和一九）年に私は集団疎開で行ったんです。私は東京浅草区の富士国民学校という浅草寺の近くの学校の三年生でした、そこから宮城県現在の白石市の鎌崎温泉へほぼ強制的に五〇〇人が集団疎開したんです。そこで翌年の昭和四五年の三月に六年生だった生徒は卒業ですから東京へ帰ることになったんですね。だから、鎌崎温泉には五年生、四年生、三年生がまだ残ってるわけですよ。私は当時三年生だったから、本当は残らなくちゃいけなかったんだけど、東京の実家が縁故疎開することになり、東京の家族と合流するために六年生と一緒に私も帰るということになって、六年生と一緒に三月九日の夜に出発したんです。

左：前川喜平氏　右：金田茉莉氏

前川　九日の夜、夜行列車で。

金田　そうです、夜行列車に乗って。六年生は車内ではおおはしゃぎしてね、疎開で半年間も親と会えないで厳しい生活してたでしょ。朝になれば家族に会える、だからうれしくてうれしくてたまらなくて車内は大騒ぎになって、私たちはなかなか眠れなかったんです。

やっと静かになったのはたぶん一〇日の午前二時過ぎごろだと思うんです。そしたら飛行機のものすごい爆音が聞こえて来て、列車が急停車したんです。ググーって止まったんですよ。それで、急停車で前の席に倒れて、それで目を覚ましたんですよ。「空襲！」「空襲だ！」という声がして、外を見ると何百機もの大きな飛行機が飛んでいる。あとから聞いたら、東京を空襲した米軍のＢ29の大編隊の帰りに遭遇したというのです。

いままでの空襲は軍需工場を狙ってたんです。軍需工場っていうのは色々な地方に散らばっていて、コンクリートで固めて頑丈に出来ている。爆撃をしても大きな効果があがらないんです。それでアメリカは研究して、日本の家屋は木と紙で出来ているので、焼夷弾といって、油で出来てて家屋を焼き払うための爆弾にしたんです。それを雨のように空から民家の密集した所にまくんですよ。浅草なんか、世界一の人口密度だって言われてるぐらいの密集地でね、そういうところを狙って次から次へと焼夷弾を落としたのね。同じ列車に乗っていた人が、東京のほうの空が赤かったと言ってました。

前川　見えたんですか、それ。どのあたりだったんです？

金田　郡山あたりだった。

前川　郡山から見えたんですか。

金田　私は眠くて寝ていたんですけれど、午前二時ごろ。起きてて見た人がいるんです。その人は孤児になって、後に本にそのことを書いたらしいんです。

前川　そんな遠くからでも見えちゃうんですね。

金田　真っ赤にね。私と一緒に乗ってた人はそれ以来夕焼けは大嫌言って、その人も孤児になった人でね。

　私たちを乗せた汽車は、そんな中でも東京に向かって進んでいったんです。夜が明けてくるころ、車内で「火事だ、火事だ」っていう声で、外を見るとものすごい煙が。モクモクという煙じゃないんですよ。前方にすごい勢いで天に向けて煙が走ってるんです。天に向けて走ってるんですよ煙が、すごい勢いで。

前川　モクモクというんじゃなくて、ボーっとこう。

金田　そういうんじゃなくて、もうビューっとこう、すごい勢いでね。

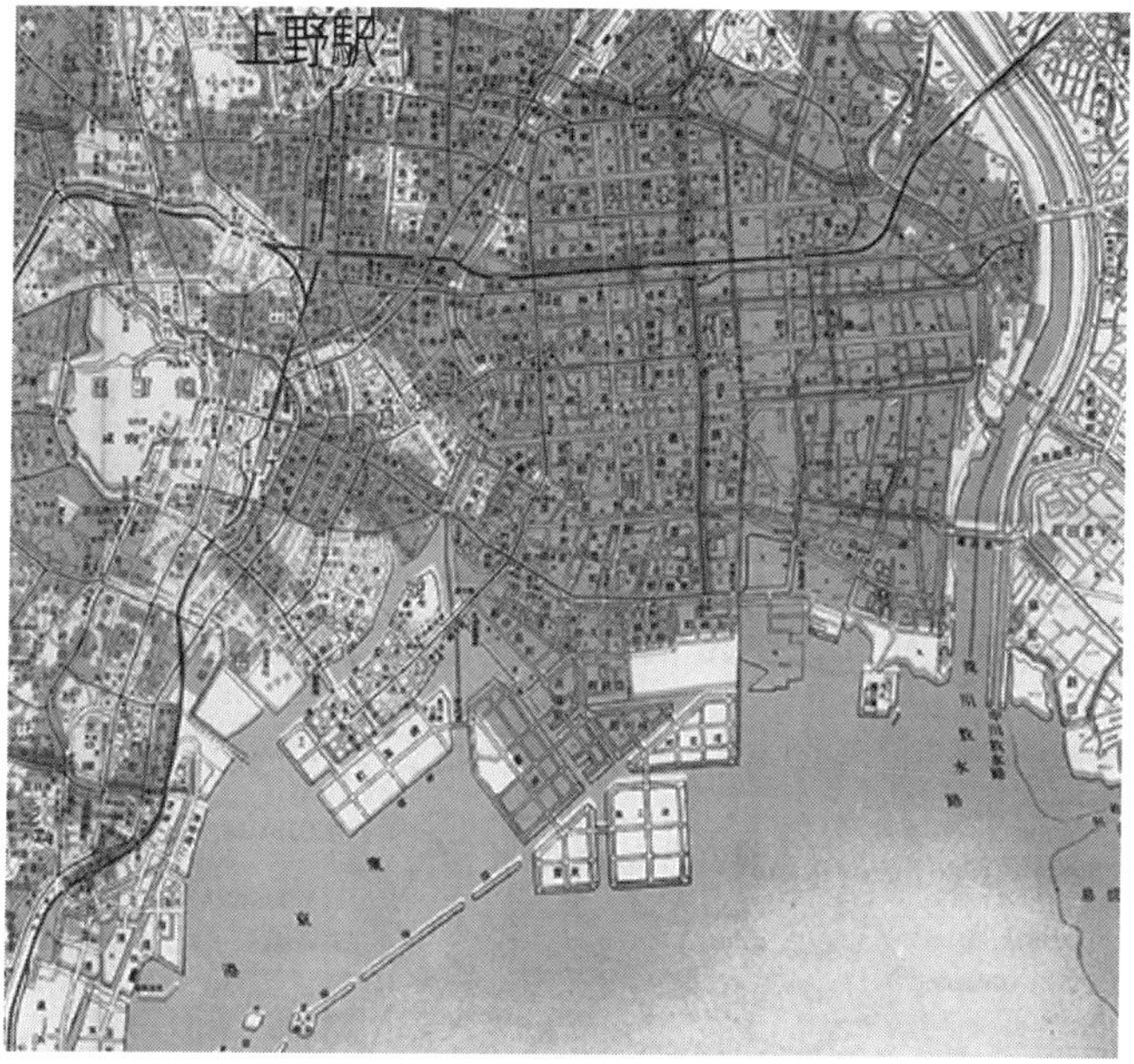

国立公文書館所蔵全国主要都市戦災概況図（東京その1、1945年）黒い部分が焼けた場所

前川　上昇気流が生じているわけですよね。

金田　生じてるからでしょうね。列車は今まで走ってる以上のスピードをあげて。そこに向かってすごい勢いで走っていくんですよ。列車が近づくにつれて煙が大きくなって来て、私たちはもう言葉も出ない。そして列車はその煙の中に入っていったんですよね。

前川　東京の上野へ行くんですもんね。

金田　そう。煙の中で上野駅に着いたら誰一人迎えに来てないんですよ。幸い上野駅の東側一帯は上野公園や寛永寺などがある上野の山で、それが延焼をさえぎってくれて駅は無事だったんです。

駅の外に出たら、津波のあとみたいに何も無くて、もう全部燃えてなくなっちゃってるんです、きれいになくなっちゃってるんですよ。真っ黒な地面だけ。それで、コンクリートの建物が遠くに見えるんですけれど、その中はがらんどうになって焼けてるんですよね。なにも考えられないっていうのかな、あまりにもショックがひどすぎて。それから先生に連れられて浅草寺の裏にある焼け残っていた浅草国民学校に上野から歩いて行ったんです。

当時は関東大震災の教訓から、下町の学校は全部コンクリート造りになってたんです。避難場所の指定になっていたんです。それでみんな学校に避難した。人口密集地帯ですからね。逃げる場所がないでしょ、だから小学校へみんな逃げた。

しかしその多くの学校が焼けたんです。私たちの富士国民学校も焼けて、校庭は何百人もの死体の山でピラミッドみたいになってた。みんな折り重なっていったのね。だから遺体の数も数えられない。

浅草国民学校はまわりに公園があって奇跡的に助かった学校で、そこへ避難してた人たちは真っ黒になって焼けた着物を着てたり、火傷したりしてね、虚脱しきっていて人間の顔じゃない、みんなそんな感じなんですよ。本当にあのときの恐怖の光景は頭から離れない、人間じゃない顔

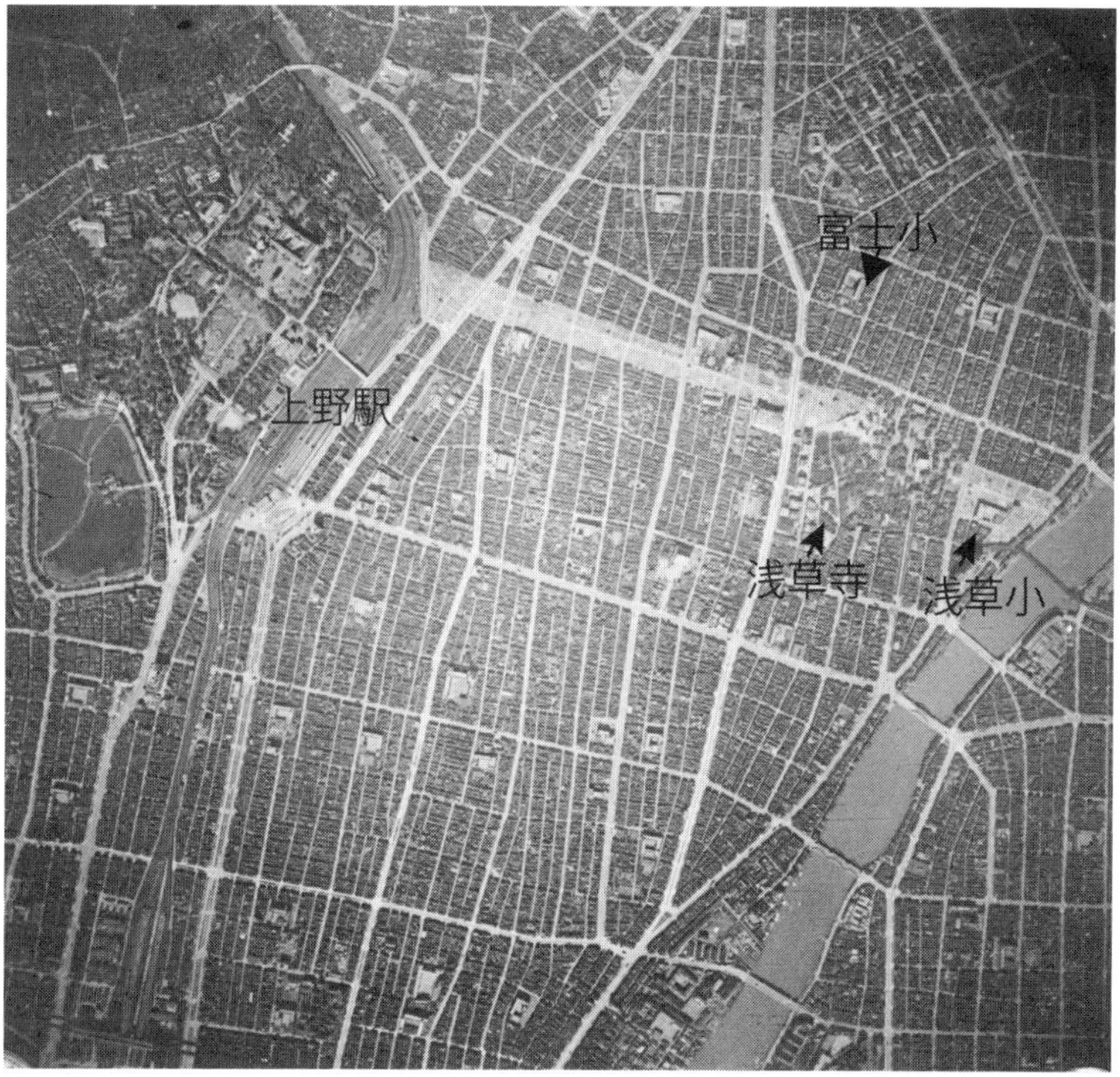

東京大空襲の前年 1944 年に陸軍が撮影した上野から浅草周辺。木造家屋が密集し、多くの人が生活していた。軍事施設・軍需工場もなく、コンクリートの建物やビルは少ない。

1944 年11 月7 日（昭19）上野浅草周辺（陸軍撮影）

をしてるんですよね。

「子どもたちが帰ってきたよ」の声で、その人たちが動き出し、そのうちにあっちでもこっちでもバーっと泣き崩れて、すごい号泣が聞こえる。空襲から逃げてきた親が疎開先から帰ってきたわが子を見つけて抱いて座り込んでしゃがみこんでいる。本当にすごい泣き声があっちから、こっちから聞こえてきました。六年生や先生など全部で二〇〇人ぐらい帰ってきましたかね。親たちは焼けなかった浅草小学校へ避難して、空襲の中でも我が子に会いたいと願って生きてきたっていうのもあったんでしょうね。

私もお母さんたちを探したけれども、見つかりませんでした。そこへ西新井（東京都足立区）の叔父が迎えに来てくれました。母さんたちはもしかしたら叔父の家に逃げているかもしれないと思い、西新井の叔父の家に一緒に向かったんです。

半日かけて歩きました。途中、黒焦げになった遺体があちこちに転がってるんですよ。マネキンのように蒸し焼きになって転がっていた。また丸焦げの真っ黒な塊があってね、人間の形じゃないんですよ、炭の塊なんですよ。それがあっちもこっちも。その時は人間だと思わなかったんですよ。後になって人間だったとわかったんですれども、子ども心には、想像がつかなかったんですよ。母親に会いたいと必死になっていたんですね。結局母親や妹とは会えなくて、叔父の家に身を寄せたのです。

叔父の家も疎開するという。それで叔母とまだ赤ちゃんの子ども二人と一緒にね、私も奈良へ疎開した。奈良でも田んぼばかりの田舎のほうへ。

その疎開先から小学校に通い始めたんですけども、学校へ行く途中に神社があって毎朝に拝むんですよね。毎日頭の中では「母と会えますように」と考えていたんです。そうするとそこのおばさんから「なにをそんな真剣に拝んでるの？」って聞かれたことや、お菓子くれたことなどを今でも覚えてます。毎朝そうやって母が生きていますようにと神社で祈っていたんです。五月ごろ、今度は兵庫県の叔母（父の妹）の家に移りました。そこで母の遺体が見つかったことを七月に知ったんです。それで自分が孤児になったことがわかったわけです。

母親の死をどうしても受け入れられなかったですね、死体も見てないし。母が空襲に遭ったのが三月で、六月に墨田川から遺体で見つかった。真っ黒こげで所持品も焼け、誰だかわからなかったけれど、川の中だからまだよかった。母は預金通帳を持って逃げたのね、そして遺体から通帳が見つかったんです。だから母とわかったのです。妹は最後まで生死がわからない。未だ行方不明のままです。

引き取り手のいない孤児は労働力としてもらわれた

金田　一九四五年（昭和二〇）八月一五日に敗戦となり、その後同じ兵庫の姫路の伯父（父の兄）の家に引き取られました。私を引き取った伯父の家は七人の子どもがいて、伯母は「何でうちがこの子の面倒をみなあかんのか」と伯父と口論します。そのため従兄から、お前のような親なしを誰が面倒見る、野良犬だって。野良犬、野良犬って言われましてね、私はもう生きていちゃいけないんだと思いましたね。実際に孤児でいじめられて自殺した子どももたくさんいました。

当時は引き取りのない子が相当いましてね、東京だけでも、学童疎開に行ってて孤児になった子が非常に多くいたんです。そういう子どもたちは親戚が引き取らされたんです。

空襲で両親と姉三人が亡くなって、それで一六歳の長男一人は東京で生き残っていた。その妹が三年生で疎開先から帰って来た。兄だって孤児でしょ、孤児で行き場所がなくて、家も焼けて行き場所がないその孤児（兄）のところに、妹を早く引き取ってと三回も手紙をよこしたっていうんですよ、学校側から。

引き取れと言われた兄は一六歳で自分も両親と姉も亡くして孤児になって、心も体も傷ついてるわけですよね。そこへ、妹を早く引き取れって、学校から手紙を出してくる。学童疎開してると、みんな家族から手紙が来るわけですよね、疎開地にね。そうするとその住所が書いてあるから、そういうところから調べてるのかなと思ってるのですが。何しろ孤児になった子どもたちを無理やり親類に引き取らせたわけです。それでも引き取りのない子が大勢いたんですよ。空襲で引取る親戚がいなくて、疎開先から東京へ帰れない子どもが一万五〇〇〇人いたんです。

前川　誰も引き取り手がいないと。

金田　ええ、誰も引き取り手がいない。そういう子が結構いたんですけども、児童の疎開先の学校の先生は、地元に残っている子どもに対して東京都からも、学校からも、なにひとつ支援がなかったっていうんですよ。「どうしてなんですか？」って聞いたら「戦争に負けたから」って言われました。その一方、若者が兵隊に取られたりしてて、人手が足りなかったもんですから。子どもでも働き手として使いたい人もいるのです。

　疎開先の旅館の女将が言ってましたけども、猫か犬の子でももらいにくるように大勢子どもをもらいに押しかけてきたと。誰だかわからない人たちに子どもをみんなくれてやる、校長が積極的に出したんですって。半ば強制的に国が疎開させたんだから国がきちんと面倒を見るべきですよね。

前川　国しかいないですよね。国しかないはずですよね。

金田　そうでしょ。国が強制的に疎開させたんだし。でも、その孤児などの資料も一切ないんです。もう各学校で何名孤児が出たっていう資料が一切ないし、孤児に対してこうしろとか、たとえば親戚に預けなさいとか、あるいは、養子に出しなさいとか、そういう文章が。それまではその費用はどこが負担するとか。疎開は一九四五年の八月に終わって、一〇月には疎開先から全員帰ることになったんですからね。疎開終了のときは東京都では、宮城県だ、福島県だとか、青森県などのほうに多くが疎開してた。五〇万人ですからね、東京都で。そのうち縁故疎開が半分ぐらいなんですよ。集団疎開が二四〜五万人。それ東京にで戻って来ても、下町は焼けちゃって帰って来ても元の生活に戻れない。それでも一応は親がいればよいけれども、親も親戚もいなくて帰るあてのない子が大勢いた。

前川　親がいればね。

金田　親がいれば駅に迎えに来たわけです。もう戦争は終わり疎開は終了し、一〇月には多くの子は疎開先から帰ってきた。だけど引き取りのない子だけは現地残留といって、地方に残されたままなんですよ。疎開先の寺の住職が言うには、現地残留した子どもたちを校長が、片っ端からもらいに来た人にあげたと。くれてやったと。その子たちの多くは、おそらく学校へも行かせてもらえず酷使されたと思います。

義務教育も受けられなかった孤児

前川　私も今、夜間中学のお手伝いをしてるんですね。公立の夜間中学って今少しずつ増えてきていて、今、今年で全国で四〇校になって、来年また五校ぐらいできるんですけど、いろいろ戦後の混乱の中で学校に行けなかった人もたくさんいてね、そういう方々がもういっぺん学び直す、そういう場所として、戦後すぐの時代から夜間中学があったんですけど、文部省は夜間中学についてもずっと冷たい態度を取っていて、子どもには必ず保護者がいるはずだと。その保護者は子どもを学校に通わせる義務を負ってるんだから、必ず保護者が子どもを学校に通わせれば良いんだと。だから学校に通えない子どもはいないはずだっていうね、そういう考え方で。

金田　エリート、良い学校も出てらっしゃって、申し訳ないんですけども、なんの不自由もなく育ってきた人たちっていうのは、そういうことはまったくわからないんじゃないのかなと思うんですよね。

前川　そうですよね。そういう人が国の政治とか行政とかやってますからね。

金田　そうそうそう。それでね、浮浪児のことをあざ笑うんですよね。「そんなことがあるか」とかね、「バカなこと言うな」とかって言ってね。それが事実あったとしても、あれは不良少年だとかね、自分で好き勝手にやってるとかね。

前川　本人のせいじゃないのにね。

金田　学童疎開中の孤児について、文部省が隠してたんですよね、私が調べたら一二万三〇〇〇人の子どもたちがいたわけなのに、一九四六（昭和二一）年に国会でたったの三〇〇〇人って報告してるんですよ。昭和二一年で、戦後一年も経っているのに上野駅などに浮浪児がいっぱいいてね、その中の子どもたちは飢えや病気で死んでるんですよ。

前川　夜間中学にも公立夜間中学と、自主夜間中学ってあるんですけど、自主夜間中学というのは正規の本来の学校ではないんですけど、一般の人が善意でやっている学校みたいなものなんですよね。私は福島市の「福島駅前自主夜間中学」と、神奈川県の厚木市で、「あつぎえんぴつの会」っていうところと、二つお手伝いしてるんです。「あつぎえんぴつの会」でお目にかかった生徒さんなんですけど、一人は東京大空襲の被害者で今は九〇歳。多くは語られませんけど、学校に逃げた人はみんな死んだっておっしゃってましたね。

富山空襲で生き残ったっていうご婦人もいらっしゃったんですよ。去年亡くなられたんです、九〇いくつかだったんですけどね。夜間中学に関わっていると、いろんなかたがたの空襲に遭われたお話を伺うことが多かったです。空襲がきっかけで学ぶ機会を失ったかたが、もう一度学びたいと言って、八〇歳九〇歳になってまた夜間中学で学び始めるっていうケースがありましてね。

金田　そうなんですよ。空襲で学校にいけなくなった人は結構いたと思います。

前川　あともうお一方、そこで勉強したかたで、このかたは九州の鹿児島のほうの出身だった人なんですけど、どういう経緯、どういういきさつかわかりませんが、神奈川県まで出てきたんですね。それで、このかたもやっぱり孤児なんですよ。どういういきさつで孤児になられたかはわかりません。戦災なのかわかりませんが、やはり親戚に引き取られた。ところがそこでいろんな仕事にこき使われて、薪割りとか、子守りだとか、そういう仕事ばっかりさせられて、学校に入る歳になっても学校に入れてくれなくて。ずっと学校に行ってなかった。それで大きくなってからその家を飛び出して、九州なので炭鉱で働いた。その炭鉱で働いてたんだけど、炭鉱って昭和四〇年代五〇年代だとどんどん閉鎖していった。

炭鉱が閉鎖になったので、食うのに困って都会に出て。都会に出てといっても、最初は福岡あたりに出たんだろうと思いますけど、どういういきさつで神奈川県まで来たのかわかりませんが、ずっと、最後は神奈川県、最後というか、今もご存命ですけど、神奈川県で仕事をしておられて、学校にまったく行ってないから、平仮名、片仮名も読み書きできなかった人です。

金田　そういう人いるんですよ。

前川　そのかたと一緒に勉強してたんですよ。私が一緒に勉強するようになったときは、平仮名と片仮名はだいたい読み書きができるようになっていて、それで私は一緒に漢字の練習、勉強を始めたんです。まず身近な漢字で、東西南北とか春夏秋冬とかね。そういう漢字から一緒に勉強しました。このかたね、漢字が読めるようになるのがうれしくてね、あるときペットボトルのお茶を持ってこられて、ここにある漢字を覚えたいとおっしゃって、それを見たら綾鷹《あやたか》って書いてあるんですよ。

綾鷹ってものすごく難しい漢字ですよって言って。でもちょっと勉強してみましょうか、なんて言って。「綾」という字と「鷹」という字と、時間をかけて勉強して、覚えて書けるようになりました。ものすごく喜んでおられて、「綾鷹って書けた」。

字が読めないまま七〇年以上暮らしてこられたかたなど、夜間中学に関わっているといろんな境遇のかたがいますね。

金田　そもそも学校も行かれなかった子どもたちが大勢いたんですよ。中には、身売りされたりする子もいた。

前川　学校に行かれなかった子どもたちが大勢いたことがはっきり数字で出てきたんです。二〇二〇年に国勢調査がありましたね。国勢調査の結果、学歴別の人口というのがわかったんですよ。小学校を卒業していない人が日本中に何人いるかっていうと、九万四〇〇〇人いる。小学校

	総数	最終学歴が小学校	小学校を卒業していない者
総数	108,258,569	804,293	94,455
75〜79歳	6,930,928	20,159	8,212
80〜84歳	5,296,728	61,422	9,832
85〜89歳	3,669,823	279,791	10,028
90〜94歳	1,779,016	276,503	7,221
95歳以上	572,247	126,703	3,623
75歳以上９５歳	18,248,742	764,578	38,916
の人の総計/割合	16.85%	94.50%	41.20%

2020年国勢調査学歴別人口より作成（2022年総理府統計局）

を卒業してない人ですよ。それから新制中学ができましたが、小学校は卒業したけれども、新制中学を卒業していない人、つまり、最終学歴が小学校卒業という人ですね。これが八〇万四〇〇〇人いるんですよ。中学校を卒業していない人。八〇万四〇〇〇人。両方合わせると、義務教育を終えていない人は八九万九〇〇〇人。約九〇万人は義務教育、九年間の義務教育を終えていない。かなりの人数がいらっしゃるだろうなと予想はしていたんですけど、五〇万ぐらいかなと思ってたら九〇万人だったですね。

金田　本当に、孤児で学校に行ってない人が多いんですよ。だから私は学校に行けただけましなのかなっていう思いがあるんです。小学校の年代って特に低学年は働くこともできない、中学生の年だとまだ働けるんですよ。だから年少の小学生や小さい子どもは厄介者扱いされる。

前川　いないものにしてしまった。

金田　当時は孤児を養子縁組させることを優先させた。だから希望者に養子にくれてやった。また、孤児のための施設が作られてはいたんです。主に軍人の子どもで孤児になった人を優先させて入れた。東京都は三多摩のお寺八カ所へ孤児学寮をつくり、最初は三四五名の収容予定者がいたのです。しかし、次々に養子に出し、実際に入所したのは八一名なのです。

養子に出し、人数が少なくなると、学寮を廃止する。他の学寮も同じ。人数の少なくなった学寮を統合し、また養子に出し、寮を廃止、統合するをくり返し、最後は小山児童学園ただ一学寮のみになった。南養寺の孤児学寮の責任者であった積惟勝《せきこれかつ》氏は養子に出すことに反対した。養子には出せないと。子どもの人格を無視しているということで猛反対したんですよ。このように孤児に寄り添い保護しようとした奇特な人も勿論いたんです。ところが、官僚がどうしても聞き入れてくれないって、養子に出せって。そして敗戦し学童疎開が終わって一〇月になったらどんどん孤児が来るわけですよ、それをまたどんどん養子に出しちゃって。それで、八学寮あった孤児施設をどんどん減らしていきたいと。養子に出せば人数が減るでしょ、だから統廃合して縮小。小山学寮のみが残った。

前川　厄介払いですね。

金田　積惟勝氏はその後、自ら静岡県の沼津市で民間の孤児施設を作っているんです。

小山孤児学寮は当初は文部省の管轄でしたが、東京都の管轄になって東京都社会福祉事業団の小山児童学園となり、今も養護施設としてあるんです。

前川　そうした施設に入れた子どもはまだ幸せだった。

金田　そうですね。孤児をアンケート調査したら、小学校一年生の時に空襲から逃げるときに親の手が離れてしまい、母親が死んじゃったんでしょうね、それで孤児になったんですね。その人は私のアンケートにね、字の読み書きが出来ないと言うんです。靴の職人さんだったんですけども、自分の職業（靴の職人）を書けないでしょ。どこか引っ越しちゃったみたいで、その後連絡がつかなくなってしまった。孤児で学校に行けなかった人が多かった。親戚に居てもね、親戚中をたらい回しにする。たらい回しっていうのは居場所がないわけですよね。今の人たちはたらい回しなんて言葉わからないと思うんですが。養子になった子どももね、いくら働いたって無給ですからね。結局は飼い殺しみたいな形で、そこから逃げ出して行くところないから浮浪児になる子が結構いた。

前川　犯罪者になる人も多かったでしょうね。浮浪児って言われて育った子どもたちは盗むしかなかったっていう話も。

金田　そうなんですよ。だから、盗むか、拾うか、恵んでもらうか三つに一つしかないですよね。

そんなにめぐんでくれないし、当時リンゴの皮、リンゴの芯とか、魚の骨とかそういうものさえ奪い合いになる。

前川　金田さんの本には腐ったものを食べて中毒死したって、書いてありますね。『かくされてきた戦争孤児』（金田茉莉・著　野田正彰・解説　講談社二〇二〇年三月発行）

金田　そう腐ったものを食べて中毒死した子もいた。拾うから腐ったものばっかり食べてるわけですよ、腐ったから捨ててあるのね。胃が消化できずに苦しむ子などいましたよ。それでいろいろ知恵を使うんですよ、中和させるために炭を食べるんだって。口の周りを真っ黒にしてね。

前川　金田さんも姫路のおうちでは大変苦労されたわけですよね。いとこのお兄さんからもこき使われたり、野良犬って言われたり。

金田　熱が出ても、病気になっても、お医者さんにかかれないんですよね。学校へ行くにもお金をもらえない、くれない。でも言えないんです。ここの家で世話になってるんだ、置いてもらうんだから、だけど、結核って知らなかったんだけど、のちにレントゲン検査ではっきりと映し出されてわかったんですけども、中学のときですよ。

朝は家の人より早く起き、ポンプで水をくみ、薪でご飯を炊く食事の支度（当時は電化製品がなく重労働）をしました。支度ができると家の人全員がぞろぞろ起きてきます。それから一〇人分のふとん片付け、そうじをしてから学校へかけつけます。学校から帰ると、夜寝るまで家事労働が待っていました。仕事が遅いと、「この横着者、怠け者」って、一番つらかったですね、そう言われるのが。

前川　言葉の暴力ですね。

金田　そうなんです。

前川　お話を聞いたり、ご本を読んで話をしていただくと、人間というのはなんか、そんなやさしいもんじゃないんだなと、本当に残酷な存在だなというのがよくわかりますね。

金田　ええ。一目見ただけではわからないですけどね。いざっていうときになるとその人の本性が現れる。やはり私、お金というのは魔物だと思うんですけど、ときにはすごくね。

前川　異常な事態になると人間の醜い部分や卑しい部分が表れちゃんでしょうね。

学童疎開中の孤児の記録は隠された

金田　後に学童疎開中の孤児などのことを訴えると寝た子を起すなと言われた。

前川　寝てないですよね。寝てるわけないじゃないかと。そこじゃないですよね。

金田　学童疎開中に孤児なった子は多くいたんです。一二万三〇〇〇人の孤児の調査を、一部の人たちでも研究した結果、学童疎開中の孤児が非常に年齢的には突出して多いんですよ。それは親と一緒にいたらね、子どもだけ助かるっていう例はそんなに多くないわけですよ。ただ、やっぱり田舎のほうに行って、安全なところにいたから子どもだけが助かったっていう場合が多いわけです。しかし学童疎開中の孤児について、まったくなにひとつ歴史に残ってないんですよ。公文書がなにひとつないんです。それでどうしようがないんですよね。私もどうやって学童疎開の孤児について書けば良いかなと思って、証拠がないのが別の意味での証拠だと思って。

前川　なるほどね、そういうことですよね。

金田　実際には多くの孤児がいたわけなんですよ。私もそうですし、疑いようもない。

前川　証拠を消したんでしょうね。

金田　だから完全に証拠隠滅ですね。

前川　都合の悪いことはなかったことにする。まあ最近も起こってますけどね。そういう国にしちゃいけないはずなのに、本当は戦争の反省をして新しい国を作ったはずなんですけどね。

金田　民主国家じゃないわけですよね。勝ち取ったわけじゃないでしょ、民主主義を。

前川　そうですね。

教育は諸刃の剣

金田　墨塗り国民小学校ってご存じですか、小学校が国民小学校と呼ばれていたんです。それで、国民学校の生徒は少国民って言われてね、国民学校の生徒は徹底的に軍国主義の教育を受けてきたわけですね。神の国だ、正義の戦いだ、聖戦だ、もうね、天皇の赤子（せきし）だとかってね、赤子っていうのは赤と子どもの子って書くんです。要するに天皇の子どもだということなんですよね。天皇に忠義を尽くさなければならないと徹底的にすごく教育されてきた。小学校に入った一年生時から教育勅語を暗記させせられたりして。それがね、戦争が終わった途端に、墨塗り国民小学校っていって、昔はお習字の時間があったんですよ、学校で。そのお習字の筆で、今まで教えてきた日本の先生は間違ってましたと教科書を塗るわけです。墨でね。

すぐに新しい教科書なんて作れないでしょ。それで、いままで書かれたいた正義の戦いをしている軍人のことや神である天皇陛下（現人神）のこととか、そういうのを全部間違ってましたと墨で塗って消していく。もう真っ黒になるほど墨で。墨塗り国民学校って言われてますけども、私たちは間違った戦争起こし、間違った戦争で親兄弟を殺されたということですよね。

本当の戦況などまったく知らされていなかったんです。そして徹底的に日本は必ず神風が吹いて必ず勝つと言ってきたのに、敗戦になった途端に今までの戦争は間違ってました、そして

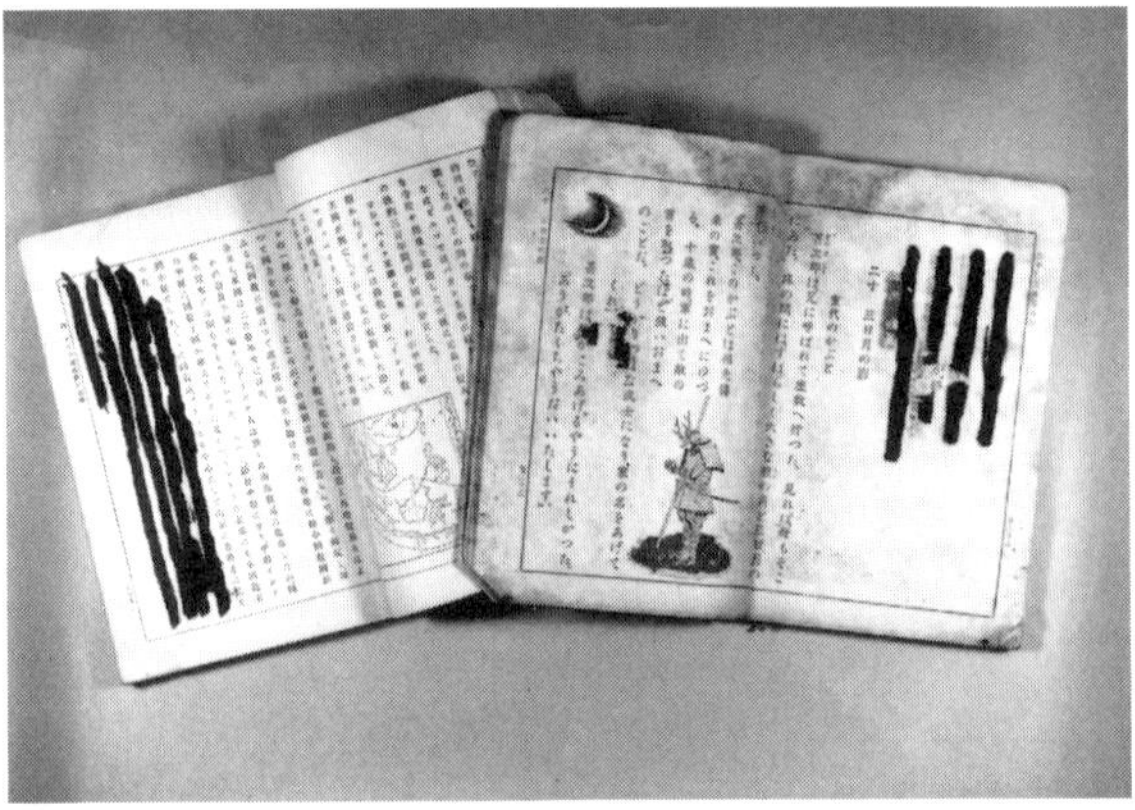

墨塗教科書　新庄市デジタルアーカイブ（© 新庄市）

一億総懺悔と言われても腑に落ちないですよ。

　日本は、戦争に負けました、民主国家になりました。その豹変ぶり、たまげましたよ。だってね、それまでは日本の戦争は聖戦だと、私たちはそういう教育を受けてきたんですよ、すごく、聖戦だっていうことをね。

前川　神州不滅とかね。

金田　うん。赤子だとか。

前川　天皇の赤子。

金田　うん、現人神の天皇のための戦いだと思っていたのに、敗戦になった途端に、今までの教科書墨ぬりですよ。墨塗り教科書、今まで教えたことは間違ってましたって言われた。

　平気でそういうことやってきたわけですよ。私たちにしてみればなんだろうと、聖戦と頭の中に叩きこまされていたわけなのに、今度は戦争に負けました。で、間違ったことを教えてました。じゃあ間違ったことを、私たち、間違った戦争で親たちは殺されたのかなっていうね、納得できないんですよね。

前川　それはそうですよね。大人が信じられなくなるでしょうね。

メッキで作られた民主主義

金田　そういうことを平気で言ってきてね、今度民主主義国家になりましたとかね。平気でそういうことを教えられるんですよ。

前川　だからまあその民主主義ってなんか、メッキで作ったような民主主義で、うわべだけの民主主義だったんですよね。

金田　そうです。施設に入られなかった孤児の中にはいじめを受けたり、教育も受けられずに文字もほとんどかけない子も大勢いた。でもどんな教育でもいいわけじゃない。戦前の教育というのはものすごい、本当に恐ろしいものだなと今は思っている。なんにも知らない、本当に知らない、それから更地の、サラの真っ白な子どもに、小学校一年生から植え付けるわけでしょ。もう日本の国は神の国だってね、神風が吹いて必ず戦争に勝つってね、教科書でもそういうことを植え付けて。今の原発でもそうですよね。原発はクリーンだ、安全だと、お金もそんなにすごくからないと植え付けておいて。

もともと子どもは、大人から言われると染まりやすいわけですよね。そういう子どもたちは、戦争に負けた途端に墨塗り、墨塗り国民小学校って言われてる、私たちは。どんでん返しくらったわけでしょ。今もまた逆戻りしてきている。教育でね。大人はいろんなことをわかってるから、言ったって効果はあまりないかもしれないけれども、子どもたちはなにも知らないから教えやすいわけですよね、特に子どもは将来、未来がある。その子どもたちに国に従う教育をするっていうのが、国の考え方、文部省の考え方になっている。子どもたちが今狙われてるんじゃないかと思うんです。

前川　おっしゃる通りです。おっしゃる通り。

金田　そう思ってるんですよ。

前川　そうですよね。

金田　昔は、国のために尽くす滅私奉公、愛国・国体という言葉に利用されて、国に利用されてきたんだけど、そういうふうな都合の良いことだけを子どもを教育してきた、そういうふうな人間に育てた。

前川　怖いですよね。
金田　だからロシアでも他の国でもね。
前川　やってますね。
金田　やってるっていう
前川　愛国教育というのをね、ロシアでも中国でもね。
金田　ええ。愛国教育というのを子どもにやってるわけでしょ。子どもっていうのは繰り返し繰り返し言われてるとそれを信じちゃうわけですよね。
前川　金田さんの国民学校のころは、私は本で読んでるだけですけれども、紀元節だとか、天長節だとか
金田　そうですよ、もちろん。
前川　学校でその儀式をやったわけでしょ。
金田　ええ。私は儀式の時は、袴履いて着物着姿で参列しました。教育勅語、あれ小学校二年生から暗記させられたんですよ。漢字ばっかりで全然わかんない。
前川　朕惟フニ我カ皇祖皇宗ってやつですね。教育勅語が作られたのは一八九〇年ですけども、そのときにはもう森有礼（初代文部大臣）はもういなかったんだけども、だけどその教育勅語とい

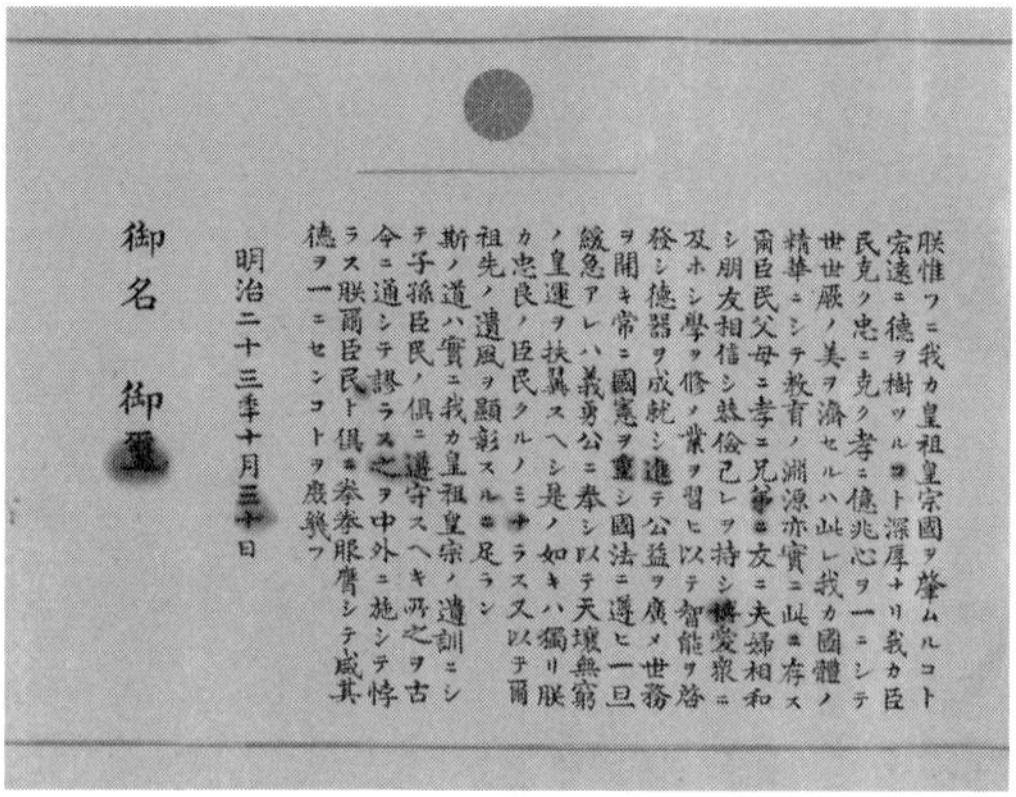
朕惟フニ我カ皇祖皇宗國ヲ肇ムルコト
宏遠ニ德ヲ樹ツルコト深厚ナリ我カ臣
民克ク忠ニ克ク孝ニ億兆心ヲ一ニシテ
世世厥ノ美ヲ濟セルハ此レ我カ國體ノ
精華ニシテ教育ノ淵源亦實ニ此ニ存ス
爾臣民父母ニ孝ニ兄弟ニ友ニ夫婦相和
シ朋友相信シ恭儉己レヲ持シ博愛衆ニ
及ホシ學ヲ修メ業ヲ習ヒ以テ智能ヲ啓
發シ德器ヲ成就シ進テ公益ヲ廣メ世務
ヲ開キ常ニ國憲ヲ重シ國法ニ遵ヒ一旦
緩急アレハ義勇公ニ奉シ以テ天壤無窮
ノ皇運ヲ扶翼スヘシ是ノ如キハ獨リ朕
カ忠良ノ臣民タルノミナラス又以テ爾
祖先ノ遺風ヲ顯彰スルニ足ラン
斯ノ道ハ實ニ我カ皇祖皇宗ノ遺訓ニシ
テ子孫臣民ノ倶ニ遵守スヘキ所之ヲ古
今ニ通シテ謬ラス之ヲ中外ニ施シテ悖
ラス朕爾臣民ト倶ニ拳拳服膺シテ咸其
德ヲ一ニセンコトヲ庶幾フ

明治二十三年十月三十日

御名　御璽

教育勅語：国立公文書館（御名御璽無し）

教育勅語

朕《ちん》惟《おも》フニ我カ皇祖皇宗《こうそこうそう》国ヲ肇《はじ》ムルコト宏遠《こうえん》ニ徳ヲ樹《た》ツルコト深厚《しんこう》ナリ我カ臣民《しんみん》克《よ》ク忠《ちゅう》ニ克《よ》ク孝《こう》ニ億兆心を一ニシテ世々《よよ》厥《そ》ノ美《び》ヲ済《な》セルハ此《こ》レ我カ国体ノ精華《せいか》ニシテ教育の淵源《えんげん》亦実《またじつ》ニ此《ここ》ニ存《そん》ス爾臣民《なんじしんみん》父母ニ孝ニ兄弟《けいてい》ニ友ニ夫婦《ふうふ》相和《あいわ》シ朋友《ほうゆう》相信シ恭倹己《きょうけんおのれ》レヲ持シ博愛衆《はくあいしゅう》ニ及ホシ学ヲ修メ業ヲ習ヒ以テ智能ヲ啓発シ徳器《とっき》ヲ成就《じょうじゅ》シ進テ公益《こうえき》ヲ広メ世務《せいむ》ヲ開キ常ニ国憲《こっけん》ヲ重シ《おもんじ》国法ニ遵《したが》ヒ一旦緩急《いったんかんきゅう》アレハ義勇公《ぎゆうこう》ニ奉シ以《ほうじもっ》テ天壌無窮《てんじょうむきゅう》ノ皇運《こううん》ヲ扶翼《ふよく》スヘシ是《かく》ノ如《ごと》キハ独《ひと》リ朕《ちん》カ忠良《ちゅうりょう》ノ臣民タルノミナラス又以テ爾祖先ノ遺風《いふう》ヲ顕彰《けんしょう》スルニ足《た》ラン斯《この》ノ道ハ実ニ我カ皇祖皇宗ノ遺訓《いくん》ニシテ子孫臣民《しそんしんみん》ノ倶《とも》ニ遵守《じゅんしゅ》スヘキ所之ヲ古今ニ通《つう》シテ謬《あやま》ラス之ヲ中外《ちゅうがい》ニ施シ《ほどこし》テ悖《もと》ラス朕爾臣民ト倶《とも》ニ拳々服膺《けんけんふくよう》シテ咸其徳《みなそのとく》ヲ一ニセンコトヲ庶幾《こいねが》フ

うのは、国ために役に立つ、いざとなったら国のために死ぬことができる国民を育てる、そのための、国民の精神を動員するための拠り所として作られたと思いますよ。そこで天皇中心とした国家体制を固めていく作業が行われたと思うんですけど、そこで強調されたのは忠と孝の道徳。忠というのは天皇陛下に対する忠誠心、天皇のためには死ね、死ぬことを厭わない。一旦緩急アレバ、義勇公ニ奉シ、っていうのは、戦争が起きたら勇気をふるって天皇のために死ねって言ってるんですからね。

「忠」と「孝」の孝は、親孝行っていうとなんか、親を大事にするって今でも通用するみたいに思うけど、これは家父長制が前提になってるわけですから。孝というのは父親に忠実であれっていうことであって。これは天皇制の中での、天皇制国家の天皇と同じ構造がひとつひとつの家の中にあって、家の中のミニ天皇が父親である家長なんですよね。逆に言うと天皇制の国家というのはひとつの大きな家なんだって考え方。大きなひとつの家の中の大きなお父さん、ビッグダディ、これが天皇なんだと。あとの国民はみんなこの子供なんだっていう。そういう親子という関係から、その関係で国が出来ているという考え方。だから臣民は天皇の赤子であるって言ったわけです、赤子って赤い子って書くわけですけど。国家というのは大きな大きなひとつの家族なんだっていうことです。

教育勅語の中にも「国体」って言葉が出てきますけど、まあよく、我カ臣民、克《よ》ク忠ニ、克ク孝ニ、億兆心ヲ一ニシテ、世世《よよ》厥《そ》ノ美ヲ濟《な》セルハ、此レ我カ國體ノ精華だって書いてある。最初のところに、朕惟フニ、我カ皇祖皇宗《こうそこうそう》國ヲ肇ムルコト、宏遠ニ徳ヲ樹ツルコト深厚ナリ、って、皇祖皇宗って言葉始まってくるんですけど、皇祖皇宗っていうのは天皇のご先祖様のことで、皇祖っていうのは神代の時代のご先祖様で。最初は天照大御神《あまてらすおおみかみ》。天照大御神からずっと繋がっている、神の子孫であるっていう考え方ね、天皇は。

神武《じんむ》天皇までは神様なんですよ。神武天皇からあとは、その次から、二代目の天皇からは人間になってるんだけど。まあ、そういうその皇祖っていうのは神代の時代。皇宗っていうのはそのあとの人間になってからのご先祖様のことで。皇祖皇宗が国を始めたのと同時に深く厚い徳を築いたっていう。これは国が、この日本という国は、国が作られたのと同時に道徳も作られたんだって言ってるわけ。その道徳は忠と孝だと言ってるんですね。その忠と孝の道徳を、世世厥ノ美ヲ濟セルってのはそれを代々その道徳を守ってきた、美徳を守ってきた、それが国体、日本の国の在り方、国体の精華だって言ってるんですよね。

他の本にも書いたんですけれど（『日本のおじさん政治』くんぷる 二〇二一年）私は私なりに国体というこの観念を三つの特徴で捉えてるんですけど、ひとつは神話国家観、とにかく神様から始まってる、だから選民意識がそこにあるわけですね。神から始まってる民なんだと。そこは他の民族とは違うんだと、神様から始まってるんだっていうね、それは万世一系でずっとその神様の子孫が国を治めてきたっていう。その最初の天照大御神が天壌無窮《てんじょうむきゅう》の神勅っていう、これ日本書紀に書いてあるんだけど、自分の孫である邇邇芸命《ににぎのみこと》っていうのをこの日本国に天上から降ろしたという、それ天孫降臨《てんそんこうりん》というんだけど、天孫降臨のときに、天壌無窮（あめつちときわまりなし）っていう言葉を言ってるんだけど、お前とお前の子孫がこの日本列島を永遠に治めなさいと。永遠にっていう言葉のときに天壌無窮（あめつちときわまりなし）って言ってる、つまり空がどこまでも続いているように、大地がどこまでも続いているように、永遠にあなたが、あなたの子孫がこの国を治めるんですよという。これ天壌無窮、無窮は窮まり無しって書くんですけどね、天壌無窮の神勅を神様が、つまり天照大御神が下した命令だと。

　神話ですよ。日本書紀に書いてある。天壌無窮っていうのは当時の日本では極めて神聖な言葉だったわけだよね。そういう神様から始まってるっていう神話国家観があって、そこには選民意識、選ばれた民だっていう意識がある。

　もうひとつは道義国家観。「忠」と「孝」という道徳から成り立ってるんだと。忠と孝という道徳をずーっと何千年も続けてきたんだと。嘘ですけどねこんなの。これ一八九〇年に作られたものですから、全部でっちあげなんだけど。とにかく二六〇〇年前からずーっとこの忠と孝の道徳を守り続けてきた国なんだっていう、こういうフィクションね。これ、つまり道徳で国民を縛ってる、日本人の道徳はこの忠と孝にあるっていう、その一番中心は天皇なんだっていう。こういう道義国家観。

もうひとつがさっき言った家族国家観ですね。この国は大きな家族であると。家族というのはつまり親と子の関係なので、同じ親から生まれた血の繋がった兄弟という考え方ね。そうすると血の繋がらない人は仲間に入れないんですよ。つまり同族でなければならないっていう考え方です。そこがアメリカのような移民国家では全く違う。アメリカに元々いた人はネイティブアメリカンしかいないわけですから。どんどんヨーロッパから、あるいはアジアからも人が入って来て、それで移民たちで作ってる国だから。

元々民族的には多種多様な人たちが一つの国を作っている。一つの国の中に、いろんな民族差別とか人種差別とかがある。民族性と国籍とが一致してないですよね。だけど日本の場合には民族性と国籍とは完全に一致しちゃってると。それはもう、国籍法っていう法律にもそれ現れてますよね。アメリカだとかオーストラリアだとかカナダだとか、移民が作った国は出生地主義っていう国籍の考え方で、その国の領土内で生まれたら当然にその国の国籍をもらえるって考え方。

日本の場合は血統主義ですから、親が日本人でなければ日本人にならないという考え方で。その中で「親を大事にしろ」という道徳と「国を大事にしろ」という道徳が一つの道徳になって国民を縛っていたわけですよね。

金田　そうそうそう。道徳で国民を縛るって怖いですね。

前川　私もそう思いますよ。道徳で国民を縛るための手段が教育なんですよね。教育は諸刃の剣です。本当に自由で平等で民主的な社会を作る担い手も教育で育てられる。逆に戦争は良いことだと思い込んだり、あるいは独裁者を崇拝するような、そういう教育もできちゃいますから。教育って本当に諸刃の剣だと思いますよ。

金田　そう多くの子どもが軍国少年・少女だった。繰り返し繰り返し愛国教育ですから。

人間よりも国が大事なんだっていう考え方がずっと生き残っている

前川　戦災の被害者にも軍人恩給と同じぐらいのことはしてしかるべきですよね。なぜ軍人恩給だけがあって他の犠牲者にはなにもないのか不平等です。

金田　それが、私も一番納得できないんです。戦争を起こしたのは軍人でしょ、戦争で市井の人も平等に死んでる。軍人は軍人恩給をもらってるんです。それなのに空襲などで死んだら何も出ない。

昔は階級によって差があった。大将にはすごい額、いろんなものが手当についているみたいで。それで一番下の兵士にはその七分の一くらいかな、ものすごい開きなんですよ。何段階にも、大将、中将、少将さらに伍長なんとかっていうふうに何段階も分けてやってるんですよね。だからこんな悪辣非道な法律はないとアメリカに言われてるんですよ。占領軍に廃止って言われて廃止した、独立国になった途端、水面下で公務員（文官）や軍人の恩給を準備して、二日後に提出してるんですからね。戦後の一九五三年八月一日に出されている。しかも退職時の階級に応じた年俸を経済変動させた「仮定俸給」に勤務期間、勤務地などを加味し、算出される仕組みになっているので、階級が上で長く勤務した人ほどやはり多くもらえる。今の受給者のうち九八％は、旧軍人関係なんです。

前川　戦争始めた人は戦争では余り死なないですよね。

金田　そうなんですよ。みんな死なないようにしてるんですよ。死ぬのはいつも弱者なんですよね。だから、権力者の人は国の負の遺産なんかいっちゃダメだと、パンドラの箱は開けるなとか、寝た子を起こすな、なんて言って孤児への補償などの法案には消極的で。だから、いくら私たちが訴えても生きてる間には法律できるかどうかわからない。そう思ってるんですよ。やっぱり日本は戦争の犠牲になった一般人の援助のための法律は作らない。軍人は死んだら補償し、民間人はいくら死のうと、どんなに苦労しようと、苦しもうと、国は責任ないとして、一銭も出さない。

日本と同じ敗戦国のドイツでは、戦争は国民に対する政府の責任とされ、軍人と民間人は区別なく補償し、空襲による被害なども補償の対象になっているんですよ。

日本では一般人についての責任を政府は認めない、これが日本の戦争の責任ということなんです。そういうことを若い人たちに伝えたいなと思ってるんですよ。

前川　そうですね。ひどい、日本政府が空襲被害者になんの補償もしないのはね。

金田　軍人恩給では今までに国は六十兆円支出しているんですが、孤児に対してはなにひとつ、びた一文も出さないんですから。

前川　軍人恩給と比べたら本当におかしいじゃないかと。それは誰だってこの矛盾を感じなきゃおかしいと思いますけどね。

金田　そうですよ。だから、私たちが空襲被害の補償の法律策定を陳情しに行った議員の中には、恥ずかしかったって、個人にちゃんと補償してると思ってたのに補償してないとは知らなかったと。

前川　知らなかったっていう議員も。

金田　知らなかったっていう人のほうが多いんですよ。

前川　それはそうですよね。なかったことにしてたわけですもんね。

金田　そうなんです。一方で、軍人遺族は当人がご高齢で亡くなっても、戦争とはなんの関係もない、ひ孫まで弔慰金ですよね。お金を出している。

東京大空襲の時にね若いお母さんが小さい子どもを二人背負って、さらに三歳の子どもを抱っこして四人で逃げたんですよ。そしたら火に煽られて川の中に飛び込んだんですって、赤ちゃん、二人背負ってるわけですよね。赤ちゃん溺れ死ぬ前にもう両足で背中をボンボン叩いて、苦しんで苦しんでバタバタ暴れて死んだって。でも我が子を殺されたって言わないんですよね。でその人の著作には三人なくしたとか、両親を失ったとやさしく書いてるけど、実際は戦争で殺されたんですよ。戦争さえなければ死ぬことがなかった。

犠牲者の人数などの詳細はわかっていないんですよね。広島や長崎の原爆は知ってるけど、空襲でおこったことは若い人はあまり知らない。

前川　本当にさっき金田さんがおっしゃったように、日本は民主主義ではなくて、与えられて形だけ民主主義の格好をしてるというところありますね。だから、八月一五日の終戦の詔勅の中に、「国体を護持し得て」って言葉が出てきますけどね、国体は護持されている、残ってるんだと、そう思ってる人たちがたくさんいると思うんですよね。そういう大日本帝国という国体があって、その国体のために命をささげることが良いことだって学校でさんざん教えて、それで、お国のために戦った軍人は大事にするけど、でも国民のほうはいくら死んでもかまわないんだと。そういう、人間よりも国が大事なんだっていう考え方がずっと生き残っている気がします。

金田　生き残っちゃったんですよね。それこそ人間の命なんてどうでも良い、民間人の命なんかどうでも良いと。国体さえ大事にされれば良い。

関東大震災のときの慰霊塔のうしろに多数の市民の遺体が埋められたんですよ。

遺体の数も掘り上げた管轄によって違うんですよね。関東大震災のときの慰霊塔の場所は東京都の公園課の管轄なんですけれども、遺体の処理は葬式なんか取り扱う部署があるんですよね、そこが扱ってたわけです。そこはこれだけしか書いてない。三〇〇〇とかね。猿江公園に一万三〇〇〇人でしょ。それを戦後五、六年過ぎてから掘り起こした。頭蓋骨から数えたほうが一番正確だって。それで一〇万五四〇〇人。

前川　金田さんの書かれた本に書いてありますね。慰霊塔に合祀してある慰霊数一〇万五四〇〇人間よりも国が大事なんだっていう考え方がずっと生き残っている人。

金田　それ以外にガソリンで燃やしたり、海に流されたり、そういうのは全然入っていない。

前川　一〇万五四〇〇人に留まらない。

金田　そうなんですよ。留まらない。その倍以上はいたかもしれない。

前川　戸籍もなくなっちゃったわけですもんね。だから、どこに誰が住んでいたとかっていうのはわからないわけですね。

金田　役所も戸籍まで燃やしちゃったんだからないんですよね。だから無戸籍になってる孤児もいるんですよ。国がまったく調査してないんですよ。だから、我々は金よりも調査してくれと言ってるんですけどね。調査をしたくないために、だって調査するといろんなことが出てきちゃうでしょ、隠してることが。だから全然調査しない。

前川　やっぱり本当に人を大事にする国になってないと思いますね。いまだに国が大事っていう考え方が通用してると思うんですよね。

金田　そうですよね。特に個人なんかあんまり相手にしない。

前川　憲法が保障してるはずなんですけどね。憲法は、ひとりひとりの人間が大事っていうところから始まってるわけでね、「すべて国民は個人として尊重される」とか。

金田　個人より国が大事ということは憲法に違反してますよね。

前川　違反してると思います。

金田　特に孤児は基本的人権はないし、最低限の文化的生活なんて送れるわけがないんですよ。その日の食べるものも、住むところもないわけですから、そういう生活で学校も行かれないと。それからみんな貧困の連鎖ですよね。そして孤児に対するひどい差別です。就職もやっぱり断られるんですよね。孤児だっていうだけで。どこの馬の骨かわからないって言われるんですよ。孤児だったっていうと、今まで普通に付き合っていた人がガラッと態度変わるんですよ。同じ人間なのに、なんでそんな変わるんだろうって。

前川　本当にひとりひとりの人間が大事という考え方に立てば、親がいようがいまいが、ひとりひとり大事な人間なんですけどね。戦前の考え方って家というものが大前提としてあるんだと思います。家の中に子どもがいる。親がいて子どもがいて、それでひとつの単位になっているという考え方がある。だから、家のない子っていうのはもう人間じゃないみたいに扱われてしまう。

金田　そうなんですよね。野良犬なんですよね。どれだけひどい目に遭ってきたかってね、それから、身売りされた子、かわいそうなんですよね。孤児なんてその日の食べ物にも困っているから騙して売られてしまう。それで平和じゃなくてね、なにしろ荒れてた時代だったしね。今は長い間戦争がない国になったので、当時のことが忘れ去られていると思うんです、そして当時を美化して昔に戻るような方向へ行こうとしている。

前川　それは危険ですよ。

金田　危険だと思うんですよ。

前川　今本当に危険だと思います。

若い人たちに伝えたいこと

金田　今の時代、私たちはインターネットもスマホもうまくできない。若い人はインターネットやスマホなど生まれた時からあるわけでしょ。そういう時代の違いがあって、今の人にどうやって伝えれば良いのかなって私自身も考えるんですけども、やはり人生っていうのは過去、現在、未来があるわけですよね。過去があって今があると。今があって未来があると。だから、過去をもっと学んでほしいと伝えたいんです。日本に戦争があったと。そしてその戦争はどうだったか。今の人たちがこうして平和でいられるっていうこともね、過去の戦争から平和憲法などが作られて、こうして平和でいられるんだけど、過去から学ばないと、また戦争になると。未来の自分たちの子どもや孫たちがまたどうなるかっていうことは、今生きてる人にかかっていると思うんですよね。

若い人たちがどう生きるかによって、未来の孫や子どもたちにもすごい影響してくるんだから。震災なら、割合とみなさん、知ってるんですよね。震災になったらどうなるかとか、大昔の震災の事なども調べてるけども、戦争についてはあまり知ろうとしない。戦争ほど恐ろしいものはない。戦争で生きてきた人たち、闇に隠されてきた人たち、どういう生活を送ってきたか、孤児もそうですしね、戦争の闇の部分とかね、戦争になったらどうなるかっていうことなんかもね、もう少し知ってほしい。

今の人たちはね「暗い話は嫌だ」という人も多い。でもやはり過去のこと知らないと。若者が無関心でいたら、どんどん戦争のほうに向かっていく気がするのね。

若い人たちにね、私が空襲のことの話をしても、空襲がどんなものだっていうことが想像できないと思うです。平和でしたからね。私もウクライナの戦争を見ると当時のことが夢に出てくるんですよ、自分の体験と重なって来て。それで戦争報道が見られないんですよね。逃げて回ってる人を見ると、うちの母も妹もそれで死んだんだなあって思い出すんです。

一発で撃ち殺されるんじゃなくて、油で焼かれて死ぬっていうのはとても苦しいと思うんです。今のようなウクライナの戦争を見て、戦争中の日本と同じことが起きているんですよね。私は戦争になったらどうなるかっていうことを伝えたいんですよね。それは弱者が一番つらい目に遭うということです。今までずっと国家（社会）の発展には弱い・異質・役に立たないとされているものは排除するという風潮が潜んでいると思うんです。これが特に戦争となると顕著に表れるのです。戦争には何の関係もない老人や女性、子どもが空襲などで犠牲になっていくのです。苦しんでいる人がまだいるんです。戦うことはそんなにかっこよいものでは無いのです。

テレビを見ていたら、母親が「ウクライナの残虐な様子は子どもたちに見せられない」と言っていました。私もそう思います。しかし日本も七八年前の戦争では一般市民も爆撃や焼夷弾で親、兄弟を焼き殺されたりしました。それで戦争孤児になった子どもが約一二〇万人もいたことを知って欲しいのです。私もその中の一人でした。国からは何の援助もなく、悲惨な生活を送った心の傷は一生癒えません。

先も言いましたが戦後の日本の平和は、戦争の放棄・軍備を持たない憲法のおかげもあると思います。また憲法を改正して戦争する国になろうとしています。

戦争になれば必ず多くの人が犠牲になり、孤児が生じます。わが子や孫がもし孤児になったらとしたら、そういうことも考えてほしいと思います。

二部　戦中・戦後の体験と願い

第一章　孤児としての私の軌跡

金田茉莉

孤児として親戚での生活（一〇歳から一九歳まで

一九四五（昭和二〇）年は三月一〇日に東京大空襲があり、その後に広島・長崎に原爆が落とされ八月に敗戦になった年です。私たち孤児の苦しみの原点になった年です。私は空襲で母親姉妹をなくし、親戚中をたらい回しにされ、最後に姫路の伯父宅へ預けられました。ここで一〇歳から一九歳までの約九年間、生活したのです。

敗戦直後はどこも食料のない時代で、伯母は「なんでウチで預からんといけんのか」と私のことで伯父とケンカしていました。従弟から「おまえなんかいらん。早ういんでけえ（出ていけ）」と白い目で睨まれました。しかし私はどこへも行く所がなく辛い日々を送りました。

ある日、父の親友が私を心配して訪ねてくれ、新品の赤いセーターをもってきてくれました。従妹（妹と同じ年）がそのセーターを欲しがり、伯母に言われて従妹の古いセーターと取り替え一度しか着られませんでした。悲しみがこみ上げてきました。

またある日、子どもたちが羽根つきをして遊んでいました。私は羽子板を持っていなかったので、従妹に「ちょっとだけ貸して」と何回も頼みましたが貸してくれません。隣家のAちゃんがみかねて貸してくれ、喜んで羽根つきをしました。するとその羽子板を貸せと従妹がいいます。「これは私のものでないから」と断りましたら「マリちゃんがいじめた」わぁわぁ泣いて家へはいり、家から従兄（三男）が飛んできて往復ビンタを浴びせられました。理由もなく私はいとこ（長男と三男）からよく叩かれました。

別の日は長男から夜九時ごろに「子犬を取りに行ってこい」と命じられたのですが、すぐに行動しなかった私に「ワシのいうことが聞けんのか」と、両頬をあざができるほど叩かれました。私は家を出ました。真っ暗な河原へしゃがみ込み「お母さんのところへ逝きたい。お姉さんや百合ちゃん（妹）のいるところへ逝きたい。どうして置いていったの。お母さんに会いたい」と泣きじゃくっていました。私が男児だったら浮浪児になっていたと思います。

学校から帰ると、従兄はおやつを食べていましたが、私は貰えません。従弟は見せびらかすように目の前で大きなリンゴをかじっています。私はエル（犬の名）のところへ走っていきます。エルの首を抱きしめていると、エルは私の涙をぺろりとなめてくれました。近所の男の子から「やーい、野良犬、野良は犬好き」とはやしたてられました。

朝は家の人より早く起き、ポンプで水をくみ、薪でご飯を炊く食事の支度（当時は電化製品がなく重労働）をしました。支度ができると家の人全員がぞろぞろ起きてきます。それから一〇人分のふとん片付け、そうじをしてから学校へかけつけます。学校から帰ると、夜寝るまで家事労働が待っていました。

中学二年のころ結核になったのですが（高校のときレントゲンで知った）、医者にもかかからず薬も飲みませんでした。ただ息が苦しく体が重く、仕事が遅いので、従姉（長女）から「怠け者、横着者」と激しくののしられました。〈早く死なせて、早く楽にさせて〉と祈りながら、這うようにして家の仕事をしていました。

学校で必要なお金もなかなか貰えません。長期間、授業料の滞納で中央廊下に私の名前が張り出されたときは、この世から消えてしまいたいと思いました。通信簿（成績表）は一度も伯母に見せたことがありません。全くの無関心、無視されていました。差別され、無視された、愛のない生活ほど、惨めで苦しいものはなく、一筋の光もありませんでした。

東京に単身戻り住み込みの仕事をする（一九歳〜）

一九五四（昭和二九）年、学校卒業後に無一文で姫路から東京へ出てきました。汽車賃は友だちからの餞別でまかないました。一九歳になっていましたから働けば何とか生活できると安易に考えていました。

九年ぶりにみる東京は家々が建ち並び、あの焼け野原だった面影がどこにもありません。私の元住んでいた浅草聖天町では、元の場所に戻れたのはKさん一家族のみ。家族ぐるみ親しくしていたSさんも、隣のUさん家族も全部、空襲で死んだそうです。知らない人たちが空襲の跡地に家を建て住んでいました。私の家はなくなっていました。

私は家がないので住み込みの仕事を探しましたが、親も家もないので断られ続け、やっと見つけたお茶屋の住み込みの女店員も夜具を持ってくるように言われ、ふとん一枚買うお金もなくあきらめました。そしてふとんなしでも働ける住み込みの女中や呑み屋の女給になりました。

最初の住み込み先は夫婦共稼ぎの学校の先生宅。子どもが中学生、小学生、二歳児合計の三人いました。私は二歳の子の世話と家事一切の仕事をしました。夜は六畳一間に中学、小学の男の子二人と私の三人が一緒の部屋に寝ていました。

女先生(奥様)が入院して留守になったときです。真夜中、体が重いものを感じて眼を覚ますと、男先生（ご主人）が馬乗りになっていました。驚いてはげしく抵抗しましたら、側に寝ている男の子が目をさまし助かったことが二回もありました。それを知り合いに話しましたら「あなたにスキがあったのではないの。女中じゃねえ」その言葉に〈女中、孤児はだれに何をされてもいいのか、人間扱されないのか、それほど軽蔑されていたのか〉と、理解者であると思っていただけに、ひどいショックをうけ落ち込みました。

さらに給金は相場の半分以下で、これだけはいくら働いても布団を買うお金は貯まりません。そこで半年働きました。

次に浅草で呑み屋の住み込み女給になりましたが、働いて一ヶ月たった頃に、そこの女将《おかみ》（六〇歳ぐらい独身）に「養女になるように」と言われました。〈養女にすれば給金を払わずにすむ、老後の面倒をみてもらう〉という魂胆がみえていましたから、断ったらその場ですぐ「出ていけ」と追い出されました。

夜の浅草の繁華街ではヤクザがうろうろ徘徊し、家出娘を狙っていました。浅草寺のそばにしゃがみ、お金もないし、泊まるところもない「これからどうしよう」と頭を抱えこんでいましたら、ヤクザが「ねえちゃん、そんなところで何しているんだ」と声をかけてきました。ヤクザに捕まると売春宿へ売られます。

私の小さいボストンバッグ、この中には母たちの写真と、わずかな下着類、これが私の全財産です。このバックを提げ夢中で走りました。〈お母さん、助けて〉と心の中で叫んでいました。ふと見ると、目の前にキリスト教会の十字架があり、真夜中にその教会へ逃げて泊めてもらいました。母が助けてくれたと思いました。

あくる日から今夜の寝るところを探さないと野宿になります。「女給募集、住込み可」と店のとびらに貼ってある呑み屋を探して、一日中歩きました。場末の呑み屋の女給は身元の調査をしない、過去を一切問わない、保証人がなくて良い、いわば底辺の仕事です。家もなく、金もなく、寝るところもない私にはゆとりはなく、切羽つまり、こういう場所しか働ける場所はありませんでした。

私に青春はなかった

酔っ払い相手の場末の呑み屋で住み込みの仕事をして三ヵ月たち、なんとかふとんを買うお金がたまり、新聞広告で菓子屋が店員を募集しているのを知り応募しました。これまで親も家もないと正直に話すと採用されませんでしたから「姫路に親がいます」とウソをつき、ばれたら〈そのときはそのとき〉と腹をくくっていたら、採用されました。

そこには女子寮があり、私と同時に採用された四人（五人採用）は、親元から大きなふとん袋や生活用品（洗面道具、下着、洋服）の入った行李《こうり》などが送られてきましたが、私は布団を買うと石けんを買うお金もなくなり、下着を水だけで洗っていましたので黒ずんできました。寮は六畳一間に女子五人、夜ふとんを五組敷くと、足のふみ場がなく、私はふとんの上で腹ばいになって、手紙や日記を書いていました。

お正月三が日は全員が親元へ帰省します。私は帰るところがなく、一人で寮で過ごしました。広い建物は静まりかえり物音ひとつしなく、地底から寂しさが押し寄せてくるようで、本を読んでも頭に入りません。当時の正月は今のようにコンビニなどもなく、すべてのお店は閉じられ食べ物も売っていません。〈私にも喜んで待ってくれる家族がいたのに。心を支えてくれる家庭もあったのに。戦争さえなかったなら、浅草で暮らし、大学へ行って青春を謳歌していただろう〉母たちを想いだすと深い悲しみに襲われていきました。

やがて私はお金を貯め、気のあったTちゃんと二人でオンボロアパートを借り、女子寮を出ました。新たな仕事を新聞広告で探し、親がいますとウソをつき法律事務所の雑用係に採用され、働きはじめました。二人で借りたアパートの部屋にはリンゴ箱だけ、それが食卓になり、手紙を書く机にもなりました。何もないがらんとした殺風景な部屋でしたが、これまでの住み込みや寮での生活は、他人にすべてを見られてほとんど自由がありませんでしたが、ようやく自分自身の時間が持てるようになったのです。光が見えてきたようで、これからだと私は張り切っていました。

一年近くすぎたころ、Tちゃんが付き合ってきた恋人と結婚し、部屋を出ていきました。たちまち困ったのは、これまで半分の負担だった家賃の全額負担です。食費は豆腐一丁を半分に分けて食べ、洋服もTちゃんから借りていましたから、生活は行き詰まっていきました。

そんなおりです。仕事中、左目に手を当てたら右目がボーとかすんで字が読めません。医師は成長期の栄養不足から眼底がざらざらになっている。（普通はつるつるしている）と言われ、そう言われてみれば肉や魚のタンパク質をほとんど食べていませんでした。

左目も見えなくなったらと思うと絶望しかありません。誰もいない明かりも消した部屋で、ごろんと横になり天井を眺めていました。

それまで同僚は寮の食事は貧しいからと、外食で気分をはらしたり、おしゃれをしたり、映画を観にいきましたが、私は一切をがまんしてお金をため、階段を一歩一歩上がるように必死に努力してきました。それなのになぜ、どうして次々に障害がたちはだかるの。

〈母と一緒に死んだほうが、どれほど幸せであったことか。死より生の方が苦しい〉

私自身の野たれ死にした姿が目の前に浮かんできました。家族がいないから放置され、邪魔だと川に投げられている様子が見えてくるのです。どうなってもかまわないと自暴自棄になりかけていました。私を救ってくれたのは親友Hさんの友情でした。

語れなかった孤児たち

以前新聞に「戦災孤児が、孤児と判明して自殺した」という小さい記事が載っていました。友人から「今、家庭を持ち、幸せにくらしている人が、なぜ孤児だったと判明したら、自殺しなければならないの。どう考えても分からない。なぜなの？」と言われました。私にはすぐに判りました。孤児は過去に、生きるため売春婦になったり、あるいは盗みをして刑務所に入れられたり、他人に知られたくない過酷な人生を送り、そのことが判明して、世間の人たちから後ろ指を指されるのです。まるで大発見したかのように「あの人はこんな人だったてさ」と、こそこそと集まってはウワサをし、軽蔑の眼差しでみるのです。たぶんいたたまらなくなって自殺したのでしょう。

自殺した孤児は私の知っているだけでも数人います。精神病になった人もかなり多くいます。これは氷山の一角ではないかと思います。

孤児の命は非常に短いです。餓死（食べられない）、凍死（氷点下の寒さの中で）、中毒死（腐ったものを食べて）、虐待死（コン棒で殴られたなど）、変死（原因がわからない）、病死（伝染病など）衰弱死（体が弱っていく）、自殺（将来を悲観して）などで早死しています。

ようやく苦難を乗り越えて生き抜いてきた人が、私の周りで、五〇代、六〇代で次々に他界しました、成長期の栄養不足も原因の一つで長生きできないのでしょう。孤児の平均寿命は、被爆者に匹敵するのではないかと思っています。

また、実に行方不明者が多く、同窓会の名簿にも孤児の氏名がなく、何とか探しだしたいと、八方手を尽くしても行方がわかりません。ある人の一二名いた孤児仲間は、一人の行方もわかっていません。

「六六年（当時）も過ぎた昔のことを、今さら何をいうのか」と言われました。

孤児たちは家族や夫にも、もちろん他人にも孤児の体験を話すことはないのです。惨めな過酷すぎる体験は、心の中にとじこめて触れられたくない深い傷なのです。引きずりだすのは心の傷をえぐりだされるようなものなのです。たいていの新聞記事には「孤児は親戚を転々とした」と、たったそれだけ。親戚でどのようなことがあったか、心の傷については述べられていません。

話できない孤児たちに、私は「話たくないことは省略して、話をできるところから語っていきましょうよ」と言ってきました。楽しいことなら楽に語れますが、六〇年以上すぎても孤児のことは涙なしに話はできませんでした。話の途中でわっと泣き伏す人もいました。または「思い出したくないから勘弁して」という人。まだまだ自分のことを話せない孤児は多くいます。

「夫が病死したので、やっと話できた」「親戚の当事者が亡くなったから」「自分だけが辛かったのでなく同じ仲間がいたから」「今語っておかないと証言者がいなくなる」「子や孫に同じ思いをさせたくない」「語らなければ日本に戦争孤児がいなかったことになる」「自分の遺言だ」と皆さん理由は様々ですが、戦後六〇年以上すぎてから孤児証言が色々と出てきたのです。それほど長い年月を要しました。

「今さら何を」ではなく、「今だから言えるようになった」というべきでしょう。

老齢になっても孤児をぬけだせない

苦労しなかったという孤児もいましたが、幸運だった孤児はごくわずかで一割弱でした。九割以上の孤児が、大小の差はあれ心に深い傷を負ってきたのです。

親戚でもいきなり我が子でない子を育てなさいと言われても、敗戦直後は食料難の時代でしたから迷惑でした。孤児たちは「自分はよその子」「親がいないから仕方がない」と自覚していました。甘えたいさかりの子どもが、心を殺し耐え忍ぶ、悲しい自覚です。

親戚に遠慮して必死に働きました。働かなければ食べさせてもらえないと思っていました。

それでも周りから言葉の暴力をうけてきました。「誰のおかげで置いてもらっているんだ。さっさと働け」「あの子は家の女中だよ」「家には泥棒猫がいる」「親といっしょに死んでいればよかったのに」「疫病神だよ」「ごくつぶし」など、心に突き刺さる言葉を言われました。

働けない幼い子は食事どきには外へ出されたり、親戚の家族団らんの食卓から外されたり、一日に芋一本だけだったり、中には食事も与えられない子もいて、やがて衰弱して死んでいく子もいました。幼い子ほど哀れでした。

殴る蹴るの暴力を受け、虐待された子もいました。義務教育の小学校、中学校へも通わせてもらえない子も多くいました。

虐《いじ》める側は、虐めが日常化していくと、何とも感じなくなるのかもしれませんが、虐められる側にとっては、地獄でした。

子どもゆえに訴えることができませんでした。〈私はこの世に必要のない人間なのだ〉〈自分は生きている価値のない人間だ〉〈自分の人生は、空襲で孤児になったときに終わった〉と暗闇を這っているような絶望だけの世界で、気持ちがずたずたに切り裂かれ、希望も夢もなくなりました。

ようやく働ける年代になっても「孤児だから」という理由で、就職も差別されました。物がなくなれば、「あの子が盗った」と疑いの目でみられてきました。私は一〇〇円玉が道に落ちていても、黙ってポケットに入れられない性分ですが、何回も疑いの目で見られてきました。

結婚も差別されてきました。「どんな育て方をされたかわからない」「どこの馬の骨だかわからない」と、常に偏見の目で見られてきました。「あの人孤児だってさ」と、何か悪いことをしてきたように、侮蔑の態度をとられてきました。

私たちは孤児であることを隠して生きてきました。孤児だったことがわからなければ、ごく普通に暮らせたからです。「あなたの生まれはどこ?」と聞かれ「東京」。「親は?」「亡くなったの」とそれだけしか言ってきませんでした。

しかし、必死で働きようやく人並の生活ができるようになっても、親戚の人から育ててやったと恩にきせられ、物品を要求されたり、いつまでも女中扱いされたり、こころに傷つく言葉を言われました。

孤児であったことが一生つきまといました。老人になっても心が癒やされず、心の傷を引きずっていますから、今でも戦争孤児の体験からどうしても抜け出せません。

一九七九年「東京空襲遺族会」が結成され入会。私は四四歳のときから約一〇年間、役員一〇名の中のひとりとして溝口会長のもとで「戦時災害保護法」の制定にむけ、「全国戦災傷害者連絡会」の杉山千佐子さんらと共に、国会議員や各政党に陳情して回りました。しかし、一四回も廃案になりました。一九八六年に『母に捧げる鎮魂記』（草の根出版会）を出版したのです。

「戦争孤児を記録する会」をつくる

私は一九八六（昭和六一）年に出来た「学童疎開」についての調査研究と戦争体験を語り継ぐ活動を続けるための全国疎開学童連絡協議会（疎開協）に入りました。疎開協に入会して、疎開中に孤児になったものが大勢いることを知りました。何人もの人が孤児の追跡調査をしようとしたのですが、「孤児施設をたずねてもダメで、孤児を見つけても心を開いてくれない」と言われ、それなら私自身が孤児だから、なんとか調査してみようと思うようになりました。

孤児を捜し出し、四〇名にアンケート調査を依頼しましたが、あまりの激しい拒絶反応に驚きました。それでも二二名から回答が寄せられ、それをまとめて疎開協で発表しました。このアンケートから、私の想像を絶する苦労があったことを知りました。

一九九五年三月一〇日（東京大空襲から五〇年）、孤児一五人がはじめて集まり、各自の自己紹介は感動的でした。それがきっかけになり、その後に見つかった孤児をふくめ「戦争孤児を記録する会」をつくり、孤児一四人の証言集、『焼け跡の子どもたち』（戦争孤児を記録する会　クリエイティブ21・一九九七年）を出版できました。

戦争の全体を知るには、被害国中国、韓国などの被害と同時に、加害国日本の被害もすべてを網羅しなければ、戦争の全体像が見えません。戦争で犠牲になるのは弱者です。イラク、アフガンの魂の抜け殻になった孤児の姿に、私たち子どもの時と同じ姿が重なります。世界の被害者同士と戦争に反対する市民が、しっかり手を結ばなければ、この地球上から戦争はなくならないと思っています。

子や孫たちに私たちと同じ目に遭わせないようにと、ようやく孤児たちが語りはじめました。私たちが語らなければ、日本に孤児はいなかったことになります。日本に孤児が一二万人余いましたが、歴史には残っていません。

一九九七年、都が「平和祈念館」建立のため懇親会が設置されたのを機に、私たちは横網町（震災の場）以外の場所に、東京大空襲死者追悼碑の建立を求め、個人参加の「再考を求める会」が設立され、必死に活動してきました。結局、遺族のうるさい口を封じるために、目くらましのモニュメントが、あれだけ反対していた横網町公園（震災の場）につくられ、祈念館は凍結され、挫折しました。

二〇〇一年七月この経過の報告を「平和のひろば」の冊子に、代表が編集して発刊しました。

ともに活動した孤児たちの原稿を募り、七人の証言もあります。

二〇〇二年『東京大空襲と戦争孤児　隠蔽された真実を追って』（影書房・二〇〇二年一〇月）を発刊しました。

二〇〇五年三月に「東京大空襲六十年展」を六本木ヒルズで開催、これも個人参加で二〇〇二年ごろより準備に入り、「六十年の会」が結成され、孤児たちも参加しました。この展示にはこれまで出てこなかった展示が多く、一万人が来場。マスコミに大きく取り上げられ、東京大空襲が世間一般にようやく知られるようになりました。

二〇〇五年七月『図録　東京大空襲展』（東京大空襲六十年の会）の発刊、編集を手伝いました。私は四四歳から一貫して、休みなく東京大空襲と孤児問題に取り組んできました。三〇年間（当時）全力投球してきました。

国を相手に裁判を起す

私たち空襲被害者遺族は、戦争で人生を狂わされたのですから「援護、救済して欲しい」と訴えつづけてきました。一九八〇年代には、東京戦災遺族会（溝口会長）や全国戦災傷害者連絡会（杉山千佐子会長）や全国各地の戦災遺族会とも手を組み、国会議員や各政党に陳情して回り、運動してきました。しかし国会は「空襲被害者援護法」を、一四回も廃案にしてしまい、そのたびに遺族は無念の涙を流し、空襲時三〇代、四〇代だった人たちは、怨念を残して他界していきました。孤児であった杉山さんは、目も見えず、耳も聞こえないのですが、「神さま、お見捨てになるのですか」と生前言っておられました。

東京の空襲被害者は、最後の手段として、司法に判断をゆだねたいと、戦後六三年目の二〇〇八年三月九日、一三一名（内、孤児五〇名）が、一一六名の弁護団の指導と援護をうけ、国に対し、謝罪と損害賠償を求め提訴しました（裁判中に原告七名が死亡）。

私は挫折のくりかえしで疲れはて、国や都に何を言ってもムダだと思っていたのですが、憲法を改正して戦争のできる国にしようとしている動きが、活発になってきたと感じたのです。

戦争の本当の姿を知らない若者達は、兵士の勇ましい姿に、「お国のために、家族を護るために」と美しい行為だと賛美し、子どもは「カッコイイ！」と叫びます。

有事法や国民保護法も制定され、その一二二条には「死者を火葬しないで埋めることができる」という特例を政令で定められることになっており、また民間人は穴を掘り、埋めてしまい、氏名も判明しない、行方不明になる、という同じことが起きるのです。

国民保護法一六〇条の損害補償では「国から要請を受けて協力をした者に補償を行う」とあり、一般民間人には補償すると、一言も書いてありませんから、これも、これまでの法律となんら変わりません。有事のさいには、民間人が殺されても、重傷を負っても、孤児にされても、何ひとつ救済しない、補償もないのです。この私たちと同じです。

子や孫たちに二度と私たちのような凄惨な体験をさせないために、それを語れるのは私たちしかいません。私たちがこの世からいなくなれば、「戦争で何事もなかった。孤児はいなかった」ことになってしまいます。

原告になる決意

原告になるには、国へ納める印紙代だけでも大金です。敗訴になれば、さらに大きな負担金がかかります。そのため一〇〇人以上の人が辞退しました。細々と暮らす孤児たちには負担が大きすぎたのです。

しかし、この困難な訴訟に、孤児五〇人が辞退せずに参加しているのを知り、私も覚悟を決め、戦争を知らない人たちに伝え、残さなければいけない。提訴できなかった孤児たち、語れない孤児たち、死んだ親、家族の無念をはらすために、また未来の子どもたちのためにも、訴えなければと思いました。それには、最後の手段として、「司法へ訴える以外に方法がない」と、原告になる決意をしました。

国に謝罪と追悼施設、資料館の建設を求める理由

孤児、傷害者、遺族たちはアウシュビッツの生き残りのように、大きな負荷を抱えて生きてきました。精神医学の野田正彰先生はＰＴＳＤをはるかに超えたトラウマをもっていると言われました。戦災遺族は兵士が戦地で敵を殺すのとは全く違います。親、家族が目の前で殺された極限状態の恐怖、それは終生、刻印されたままです。一方遺体のない遺族も蛇の生殺しのような状態におかれ、心の整理もつかないまま、一生心から離れません。

さらに高齢化するに従い、昔に戻ると言われていますが、あの苛酷な体験が突然現れ、パニックを起こしたり、うつ状態になったりします。夜も夢にうなされます。心の傷が現在まで継続し、さらに大きくなっています。私たちにとっては、決して昔の出来事でなく、昨日の出来事なのです。国のこれまでの冷遇が、なお、苦しみを倍増させてきました。

戦争で親を奪われ、塗炭の苦しみの中で生きてきた孤児たちに謝罪を要求します。遺族や、傷害者も同じです。

第一審の判決は、二〇〇九年一二月一四日にありました。「主文、原告の請求を棄却する。裁判費用は原告の負担とする」といういった三〇秒の判決に呆然となりました。

不条理な原審判決

棄却理由一、「戦争被害は皆同じであった。選別は困難である」

裁判官は戦災遺族、傷害者、孤児たちの深刻な被害を理解していません。日本は敗戦後二、三年は食糧難、物資不足などで苦労した人も多くいましたが（戦争で儲けた人もいる）、その後、経済が回復、元の生活に戻り、世界第二位の経済大国になり、平和憲法のもと戦争のない平和を享受してきました。

家は焼けても努力すれば元へ戻ります。しかし、命は二度と戻りません。遺族、傷害者、孤児たちは人生が根底からひっくり返され、二度と元に戻れず、憲法の恩恵もうけず、同じ日本国民でも被害の受け方が、天国と地獄ほど差があります。あまりにも認識不足。冷酷な判決です。

（棄却理由）一、「**旧軍人、軍属などとの間で不合理な差別があったとはいえない**」

エビのような小国日本が、クジラのような大国アメリカに無謀な戦争をしかけ、日本は焦土と化し、膨大な数の死亡者をだしました。その上、無条件降伏という惨めな結果に終わり、日本は完全に負けました。日本は古来、戦いに敗れた方は城主や家老が責任をとって切腹したり、謹慎したりします。

しかし、第二次世界大戦においては、負けたにもかかわらず、戦争を起こした責任をとることをせず、まるで戦勝したかのように、指導者の高級軍人には高額金を支給。その一方で、民は切り捨て。「軍人は受忍しなくてよく、弱者は受忍せよ」とは。「弱者に戦争責任を負わせる」ことと同じであり、「差別はしていない」といえるのでしょうか。

なぜ、空襲被害者だけが、救済されないのでしょうか。

（棄却理由）一、「**膨大な予算が必要になる**」

私のところへ、父が戦死、母が戦災死で孤児になり、大変苦労した人から「戦没者遺族年金が貰えるのか」と電話がかかってきました。私は厚生省（当時）へ電話で聞きました。

厚生省「戦没者遺族年金支給者は、戦死者の親と妻です。子どもは二〇歳までです」

私「現在、受給者は何人いるのですか」

厚生省「一一〇万人です」

私「え！一一〇万人ですか。二三〇万人の戦死者ですからですね。戦死は二五歳として、六五年経過していますから九〇歳。その親は当然生きていませんね。妻もほとんど亡くなっているでしょう。それだけ人数が減っているのに、なぜ平均一兆円が、それほど減らないのしょうか」

厚生省「恩給がありますので、総務省に聞いてください」総務省の役人に聞くと
総務省「法律がありますから」の一点ばりでした。

余った戦没者遺族年金や恩給は何に使っているのでしょうか。

同じく戦災遺族も高齢化で大方が亡くなり、当時一〇歳の子が七五歳。両方とも減る一方ですから、裁判官のいう膨大な金額にはなりません。

私たちは高額な金が欲しいのではなく、国の誠意が欲しいのです。

今回の訴訟では、闇に埋もれた空襲の実態を浮かび上がらせ、民間人の犠牲者に何ひとつ救済、補償がなかったこと、軍と民を平等に補償している欧州諸国にくらべ、日本の歪んだ補償制度を明らかにしたことが、世間に広く知られるようになりました。マスコミに好意的に取り上げられた意義は大きいと思っています。　原告一一三名は控訴しました。

裁判の意義

弁護士先生方は、それは熱心に資料集めや、調査をしてくださいました。そして空襲の実態や、国の理不尽さを明らかにしました。たとえば、軍人・軍属には、五四兆円も支給され、非常に手厚く処遇されていること。民間人においても満州などからの引揚者、農地改革による土地を没収された地主へ戦争による被害として補償されてきたこと。準軍属や残留孤児、シベリア抑留者など、大方の戦争被害者がある程度補償されてきましたが、空襲被害者だけが、何一つ援助も補償もなかったこと。ドイツをはじめとして第二次世界大戦で戦った欧州諸国は、軍人と民間人の区別なく平等に補償されていること。などをきちんとした証拠や資料を掲示し、その他、様々な角度から徹底的に調査され、法理論を組み立て、鋭く追及されました。闇に埋もれていた空襲被害を浮き彫りにしてきました。マスコミにも取り上げられるようになりました。

最高裁判所の上告棄却

二〇一三年五月八日、東京大空襲訴訟は、上告棄却になり敗訴が確定しました。上告棄却とは「最高裁で審理しない」ということです。最高裁は憲法に違反しているか。いないかを審査する所です。憲法に定められた人権侵害は明らかです。最高裁では、五人全員の判事が意見を述べます。弁護士・原告はじめ、支援者の皆さんも、その意見を聞きたいと思って待っていました。それが審理もしないとは…。突っ返され、門前払いにされたあげく、汗と涙で集めた上告費用五二八万円も没収になりました。

その審査なしで突っ返された理由が分かりません。国は「事実を認知する必要ない。早乙女勝元氏（空襲研究者）の証言は意味がない」としてきました。「事実を調査しない」という行政の態度と同じです。第一審の判決では「軍人・軍属と民間人の間に本質的に違いはない。心情的には理解できる」「被害者の実態調査や埋葬、顕彰は、国家の道義的義務がある」とありましたが、「立法を通じて解決すべき問題」とされました。しかし、最高裁の冷徹な態度に、この国は何も聞く耳をもっていないと、深い絶望感に襲われました。

国は「戦争だから、受忍（がまん）せよ」という「受忍論」を押しつけ、それが、まかり通っていました。常々「国民の命と、暮らしを守る」と言っていますが、自国民の女・子どもを救済せずに、何が「国民の命を守る。暮らしを守る」など、きれいごとが言えるのでしょうか。「戦争になったら民間人がどうなるか」。隠されてきた裏の事実を知らなければ、また同じことが繰り返されるでしょう。

私たち空襲被害者の願い

「戦災援護法が制定される」ことです。それは「国民の命と暮らしを守る」ことだからです。死者一名につき、五〇万円とは些細な額ですが、金額の問題でなく、人間としての尊厳を保ためです。また、未来の人たちも有事のさいの補償などとも繋がり、安心できます。これは国のあり方でもあります。この「援護法」だけは、私たちが生きている間に制定されるように、現在、必死に署名集めしています。

また、私たちが最も願っているのは「空襲死者の追悼碑」です。東京都は関東大震災と一緒にしてしまい、大空襲が無かったことにしようとしています。

罪もなく無残に殺された死者の無念を思うとき、乱暴に扱われ追悼もされない死者は、地下で涙を流しているでしょう。追悼碑がなければ、死者の魂は浮かばれません。私たち遺族がいなくなれば、すっかり忘れ去られてしまいます。先祖である死者に哀悼してこそ、日本の将来も安泰になると思います。私たちは戦争のない明るい未来を、子や孫たちが笑顔で暮らせる世の中になるよう、切に願っています。死者を大切にすれば、必ず子や孫を護ってくれると信じています。

第二章　戦争は弱者を犠牲にする

金田茉莉

戦災孤児

孤児の実態を知らない日本政府

一九四六年（昭和二十一年）四月に大日本帝国憲法下での最後の衆議院の選挙が行われ、たぶん六月に国会が招集されたんですよね。二十年に敗戦になって一年過ぎてるわけですよね。そこで国会議員が「孤児がどんどん死んでる」と。「子どもたちがすごくどんどん死んでいるのをどうするのか」と質問をしたんですよ。そしたら政府側の委員がね、戦争孤児（浮浪児）は三〇〇〇〇人いたが半分はそれぞれ保護されてる。そういう答弁してるんですよ。

第九〇回帝国議会　衆議院　生活保護法案委員会　第七号　昭和二一年八月三日

大島（定）委員　一昨日松谷さんからの御質問に、戰災孤兒を收容した其の後の死亡率は四割あると云ふやうな御話を承つて居りますが、帝都に於ける孤兒の數と收容箇所竝に收容後に於ける状況を、簡單で宜しうございますが、御説明を願ひたい

葛西嘉資（かさいよしすけ　厚生省官僚・当時）

葛西政府委員　只今此處に詳しい數字を持つて居りませぬが、浮浪兒と申しますと、浮浪兒と云ふ言葉で分りますやうに、實は數がはつきり致さないのでございます、浮浪兒が何人居るかと申しましても、名前が示して居りますやうに、浮浪兒であるものでありますから、確實に何人居るかと云ふことは一寸申上げにくいと思ふのでありますが、唯時々浮浪兒の一齊調査を致して居りますので、其の調査に掛りました者の數は分つて居ります、随ひまして其の數は、一つ資料としまして最近のものを御届けすることに致したいと考へて居ります、尚ほ是の保護の状態でございます、大體五月の末であつたと記憶致して居りますが、全國的に調査を致しました所が、浮浪兒が約二千五、六百あつたと思ひます、其の半分を保護施設に收容して居ると云ふ風な報告が參つて居ります、やはり逃出すものでありますから、是等はやはり其の施設が良く、何時かもどなたかの御意見にございましたやうに、親切に子供の住み好いやうな環境にしてやると云ふことが極めて必要だと思ふのであります、浮浪兒等でどれだけ死亡して居るかと云ふやうな統計は、まだ私共の方では實は存じませぬのでありますが、能く調べまして、東京等と限定致しますれば分るかと思ひますから、取調べまして是れ亦御届けすることに致します（国会図書館帝国議会検

索システムより）

政府の委員は孤児について質問しているのに浮浪児と答えているんです。孤児と浮浪児は同じと思っているんですね。孤児のことは全然わかっていない。

文部省（当時）も戦争孤児が一〇〇〇人ぐらいだって。学童疎開中の孤児は千人ぐらいだって言ってるんですよ。学童疎開中の孤児は、年齢別からなにから私たちが調べたら本当は一二万人いたんですよ、全部調べるとね。

それは昭和二三年二月の厚生省調査「全国一斉孤児調査」で一二万三〇〇〇人になっているのです。学童疎開中に都市空襲で一家全滅して孤児・浮浪児になった子どもが非常に多くいました。しかしその一二万人の孤児の中に浮浪児は入っていません。浮浪児は住所がないから調べようがないのです。それから養子に出された子、それは親がいることになるので入ってないんです。

私も学童疎開で孤児になりました。親・家族を空襲で一挙に殺され、家を焼かれ、無一文になった身寄りのない子どもは、敗戦後どのように生きていけばよいのでしょうか。ごく一部を除き、それは悲惨な生活になりました。小学校へも行くことができず、社会からも差別され、虐待や酷使されたりして底辺を歩んできた人も多くいます。身売りされ売春婦にされ、奴隷のように酷使された子もいました。敗戦後に浮浪児が巷《ちまた》にあふれ、大きな社会問題になっていました。上野駅地下道では子どもたちが餓死、凍死していきました。浮浪児は残飯をあさり、物乞いや盗みをします。生きるために盗みもしました。ボロボロの垢まみれの服、くさい臭いに、ゴミ扱いにされました。浮浪児は汚く目障りという理由で捕まえられて、逃げないようにオリの中に閉じ込められることもありました。浮浪児について「全国で三〇〇〇人いたが半分はそれぞれ保護されてる」などということは実際の調査もしていないので、何の根拠もないのです。

孤児のその後

養子に出された子もひどい思いしてるんですよね。こき使われたりして、それで逃げてきたり、身売りされたりしてますからね。それで浮浪児になった子どもが、上野に集まってきて、それで、浮浪児っていうのはね、物乞い、残飯あさり、それから盗みですよね。それをしないと生きていけない。

私が先に出版した『かくされてきた戦争孤児』（金田茉莉・著　野田正彰・解説　講談社

二〇二〇年三月発行）から少し引用します。

売られた少女たち

私が友人の看護婦さんから聞いた話です。その看護婦さんの患者さんの中に孤児だった人がいて、身売りされ三〇代の若さで、身体も精神もボロボロになっていたのです。

彼女は、「集団疎開へ行かなければよかった、親と一緒に死んでいたほうが幸せだった」と言って毎日泣いているのよ。親、家族と離れたくないと、疎開に行くのが嫌だったんだって。でも父親から説得されて、疎開したそうよ。その疎開の間に両親も姉たちも、みんな空襲で死んでしまって、それで養女に出され、養女先から売春宿に売られてしまった。相当辛い目にあったようで、肉体はボロボロになっていたわ。夜中、恐ろしい夢をみるのか、よくうなされていたの。精神もおかしくなってきて、意味不明のことをしゃべるようになって。母親が昔作ってくれた、擦り切れた赤い手袋をしっかり握りしめて、お母さんと叫びながら息を引きとったのよ。誰一人見舞いに来なくて、長い看護師生活で、あのあわれな姿だけは鮮明に覚えているの。

葉《よ》ちゃんのこと

葉ちゃんは東京の江東区で生まれた。家は鉄工場を経営していた。葉ちゃん一〇歳、弟六歳のとき、親戚宅へ縁故疎開した。父も母もときどき姉弟を訪ねてきて励ましたり、親戚へも高価な品物を持って姉弟の面倒を頼んでいた。かなりの額の仕送りも親戚へしていたから、両親が生きているときは親戚もよくしてくれた。

弟は母がくるとはしゃぎまわった。膝の上にのったり、首に手をまわして抱きついたり甘えたいさかりだった。母が東京へ帰ると、葉ちゃんが学校から帰るのを待ちかね、学校まで迎えにきて、葉ちゃんの後ばかり金魚の糞のようについてまわっていた。

三月一〇日の大空襲以後、両親からの連絡はぷっつりとぎれた。弟は駅までいき、列車から降りてくる人の中に両親がいないかと、一日中駅で待っていた。親戚から両親は空襲で死んだらしいと聞いたが、信じられなかった。遺体もない、死を確認していない。信じたくない。「どこかできっと生きている。私たちを置いて死ぬはずがない」と思っていた。

しかし、親戚の態度が急に変わったのである。葉ちゃんと弟は別々の親戚に預けられた。あれほど仲の良かった弟と引き裂かれた。葉ちゃんは学校へ行かせてもらえず、女中、子守と一日中働く毎日になった。親からの仕送りがなくなってから、厄介者として扱われるようになったのである。

幼い弟が心配だった。子守をしながら弟のいる隣村までいった。弟はやせ細り、家の人の夕食時に外へだされ、ひざを抱えてしゃがんでいた。役にたたない弟は食べ物が与えられなかった。思わず抱きしめ号泣した。「お姉ちゃんといっしょに暮らそうね。もう少しまってね」「ウン。きっとだよ。指切りげんまん」と弟と約束した。

しかし、一一歳の子どもに何ができるだろうか。毎日子守をしながら、自分のわずかな食事の半分をかくれて弟に持っていくのが精一杯だった。弟はいつも彼女を待っていた。

二、三年過ぎたころ、弟が結核になった。弟は死ぬのか。全身の血がさぁーと引いていった。一緒に住める日を待ちこがれていた弟をなんとしても助けたい。弟の笑顔を見たい。死なせたくない。毎晩泣き暮らした。当時は健康保険などなかった時代で、病気を治すには金が必要だった。頼る人、相談する人もない。

以前、声をかけられたことがあった。「なあ、家へ来ないか。腹一杯食わせてやるぜ。その気になりゃぁ金なんか、ぞくぞく入ってくるんだぞ。弟と一緒に暮らせるぜ」そのときは薄気味悪いおじさんと思っていたのだが、その家へ行く気になった。そこは売春宿だったが、お金をかせぐには他に方法がなかった。

赤線地帯で撮影　常盤とよ子　(横浜都市発展記念館所蔵)

弟は生きる気力が失せていった。「死んだらお母ちゃんのところへいけるの」と聞いた弟が、本当に母のところへ逝ってしまった。葉ちゃんは張りつめていた気持ちがぷつんと切れたようで弟の死後、すっかり塞ぎ込み、誰とも一言の言葉を交わさないようになり、食事もとらなくなった。ある日、夢遊病者のようにふらりと外へ出ていったまま帰ってこなかった。生きる支えも気力もなくなっていた葉ちゃんは行方知らずで、自殺したのかも知れない。二一歳だった。

戦争で翻弄された子どもの命。同じ死ぬなら空襲で親と一緒に死んだ方がまだよかったと思う。

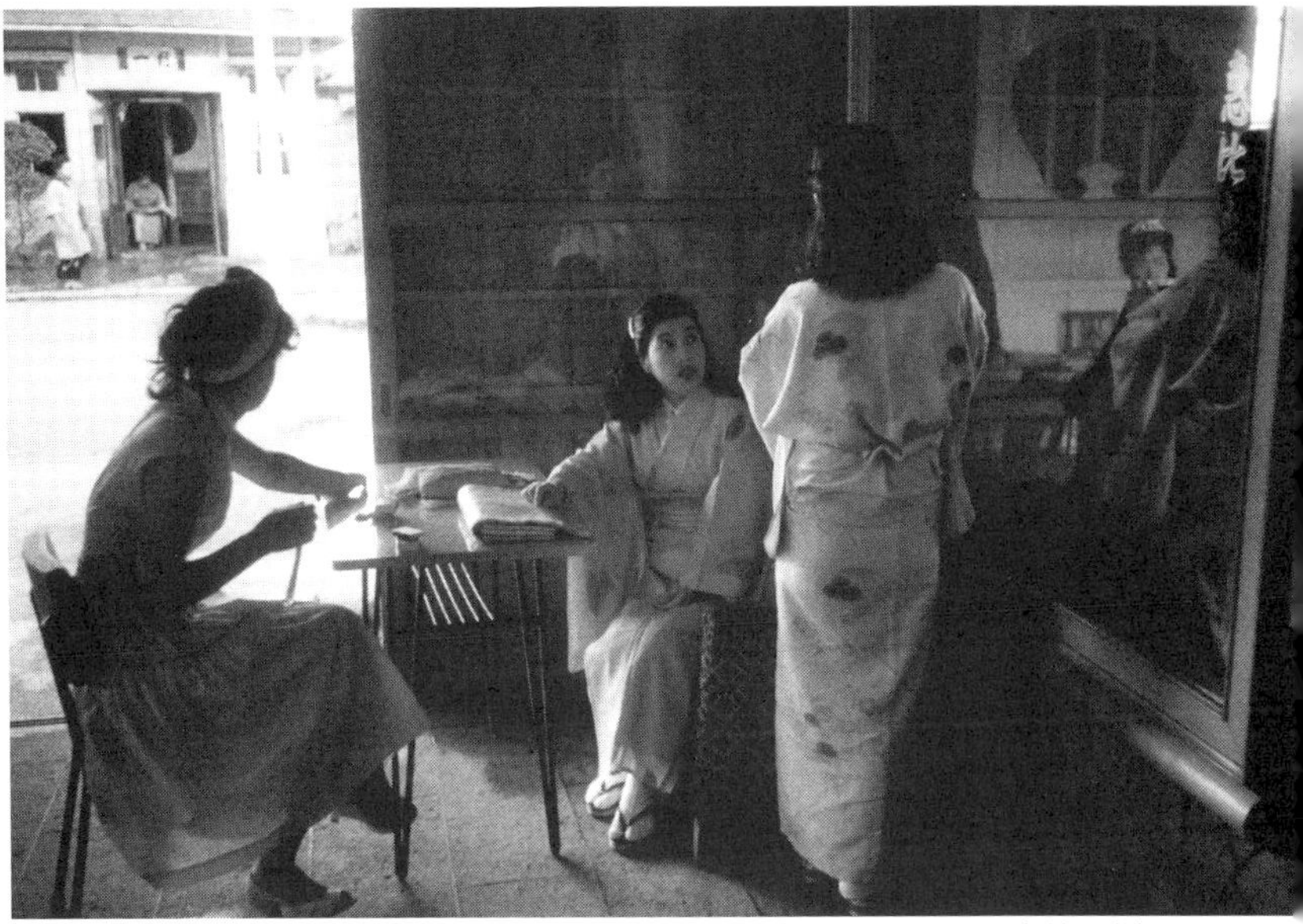

支度　撮影：常盤とよ子／寄贈：栗林阿裕子（横浜都市発展記念館所蔵）

これらの話は特別のことではないのです。私も運が悪ければ同じ目にあっていたかもしれません。

多くの女性が、売られたりだまされたりしてそのようなところで働かせられました。戦後に警察も公認で売春が行われた赤線と言われた地域が全国にありました。はじめは米軍相手のために作ったようですが、全国にその数は一万か所と言われています。北海道から九州まで全国のすべての都道府県にありました。少ない県でも何十か所もあったのです。自らそこで働く人はどのくらいいたでしょうか？

そのようなところへ女性を斡旋する人が、孤児に目を付けて買うのです。疎開先の学校の校長が、身元も調べないで子どもたちをくれてやったりしています。

当時の新聞にも「身売り二五〇〇名、山形の子どもたちが各県へ」（朝日新聞一九四九年一月一八日）と書かれ、「二五〇〇名を売った鈴木トメヨについて調べている」と報道しています。

孤児は安い労働力として、さらには赤線地帯の店にも売られたりしたのです。

理解されない戦争孤児の運動

今はそうでもないんですけども、一九八〇年代ぐらいまでは、平和運動してる人たちのところの集会に行くとね、日本は戦争の加害者なんだと。日本が先に重慶爆撃したんだ、だからその仕返しに日本が連合国に空襲でやられたんだから、日本は加害者なんだから、日本の被害を言っちゃいけないって、すごく冷たい目で見られたの。集会に行って、空襲の事調べようと思っても、ピシャと抑えられちゃうんですよ。そういうね、右と言われる人は空襲の被害のことは知らんふり、左の人からはね、日本は加害者なんだから被害を言うべきじゃないって言われた。私たちは両方から挟まれて、なんにも言えなかったの。だから私はもっと空襲や戦争のことを勉強しなくてはいけないって思って。当時は返答できなかったんですよね。だからそれから勉強するようになった。

日本が加害国なら「なぜ軍人に対して加害をしたのか」と言わないのかとね。今なら言えますよ。一番の加害者、軍人たちをどうして追及しないのかって言えますけどね、その当時は何も言えなかった。空襲で被害を受けても、日本は加害国なんだ加害国なんだって言われ続けて、冷たい空気でね、それで白い目で見られたりね。だからなにも言えないでいたんですよ。

また補償の問題を出すと、「金が欲しいのか」必ずそういうこと言う人が出てくるんですよね。

現在も「戦災被害者救済法」の成立をめざし国会議員へ働きかけを行っています。一四回も提出し、国会議員も超党派で協力してくださっていますが、戦後七五年すぎても成立していません。

孤児が原告になって裁判を起こしたら「浮浪児や孤児のくせに国にたてつくとは生意気だ」と言われたんですよ。孤児ということで、ずっと軽蔑され続けてきた。そういうことが沢山あるんです。

顧みられない弱者

終戦後にね、東京にはとにかく食糧難だから入っちゃいけないって、空襲で焼け出された人たち、住んでるところへ戻りたいと言ってもね、戻っちゃいけないっていう転入禁止令が出たんですよ。それで戻れなくなったの。そんなもんだから、それでその間に、焼け野原になった東京の土地全部を他人に取られちゃった人が少なからずいたのです。

それは自分のものだって証明する証拠がないわけ。墨田区役所なんか、原簿もなにもかも全部焼けちゃいましたからね。でもね、裁判起こした人もいるんですよ。だけどね、相手側は大企業だったので、すごい強力な弁護士つけて対抗してくるし、結局負けちゃって、自分の土地なのに全部取られちゃった。そういう、もう本当に早い者勝ちで、綱を張って、ここは俺の土地だと。

みんな疎開してるから知らないわけですよ。戻ったらもう自分がかつて住んでいた土地がないというか、他の人の土地になっていた。だから本当に泣くに泣けない。

やっぱり戦争でも、終戦後の混乱期でも被害を受けたのに顧みられないのは、女性や子ども、そして障がい者などの弱者だと思うんです。弱者は大きな声を発しないし、政府もそれを救うことを余り考えない。やはり弱者は闇に消されてしまうのです。

埋められ隠された空襲の犠牲者

勿論戦争は絶対にしてはいけないと思うんですけれど、もうすでにどう見ても負けることがわかってきた時点で無駄の犠牲をなくすために、指導者は責任を取って終結させなければいけないと思うんです。だから天皇が東京大空襲の本当の様子を見てたら、沖縄戦もなかったし、原爆投下も起きてなかったと私は思うんです。

東京大空襲の時に軍人として千葉にいた人の話がね、調べていたら出てきたんですよ。

その人が言うのには、午前二時ごろですね、千葉に駐屯してた部隊に、東京の空襲の死体を処理せよっていう命令が下ってきた。それで千葉から東京へ来たら、そしたらもう亀戸あたりはものすごい死体でね、そこをトラックで通って、参謀本部まで行って命令を聞いた。天皇が空襲の様子を見られる（行幸）、それまでにね、道筋の死体を全部綺麗に片付けろと、そういう指示を受けた。行幸する道筋は決められていて、その人の部隊は江東区担当で、三十台ぐらいのトラックに兵隊を乗せて走らせ焼け跡に着き、片っ端から形のある遺体は公園へ埋めていったんですよね。何処の誰かはまったくわからない。江東区だけでなく、墨田区だとか台東区だとかも、軍隊が出動して遺体を埋めたようです。天皇がすぐに空襲の被害状態を視察し被災者を励ましに行くと言ってるのに軍部は結局十日間止めて、死体が綺麗に片付けられた後にやっと行幸した。遺体の中で形のないものは海に投げたりして、悲惨な遺体を隠してから天皇が視察に行ったんです。軍部や政治家は最後まで決戦、本土決戦を唱え、最後には勝つんだと言っていたから、まずいことは天皇に見せられない。

やはり軍人や当時の指導者が天皇の名を借りて戦争を長引かせたことに一番責任があると、私は思うんですよ。戦争を起こした軍人・政治家に対しては連合軍により戦犯として裁判にかけられたけれども、日本人はそれら軍人・政治家の責任を追及することや批判よりも、一億総懺悔となる。国民すべてが懺悔しよう、これって赤ん坊からお年寄りまで国民すべてに責任があるということでしょ。私たちが戦争孤児にたいする戦後補償を求めると「戦争なんだからしょうがない」「みんなが苦労したんだから」「国民すべてが被害を受けたのだから」と、補償を求めることに批判的な人が多くいるんです。

でも子どもは戦争には関係がないと思うのです。大人が起こした戦争の責任は大人がとるべきと思うんです。

孤児のことで言えば、日本の国策として、空襲から次期戦闘員としての子どもを温存するために疎開などを行ったわけですよね。その結果の孤児なんです。戦争の犠牲なんです。戦地で戦って死んだり負傷した兵隊さんと同様だと思うんです。同じ犠牲者でも兵士達には恩給制度などで補償に取り組んでいるのです。

私たちは単にお金のために空襲被害の補償を求めたわけではありません。国策で戦争してその結果被害に遭ったわけですが、それが間違っていたのでしたら、まずそれを謝罪すべきです。

そのうえでどうしてもお金がないのなら、それを話し合えば良いのではと私は思うんです。一億総懺悔のように国民みんなのせいにすべきでは無いと思うんです。

広島・長崎の原爆を含め全国各地で空襲被害を受けました。全国の戦没者の慰霊とともに、各地でそのことを伝え、二度とそのようなことを起さないことがとても大切なことだと思うんです。

また戦争に向かっている

日本は七十年以上戦争が無く、おかげで私たちは生き延びてこられたわけですよね。それは憲法九条のおかげということもあると思うんです。もし憲法九条がなかったら、アメリカと一緒に組んでどこかで戦争をやってる国になってたと思うんですよ。

そして重要なのが言論の自由。これも民主主義の基本。こうやって物も自由に言える今の時代がある。この平和と言論の自由の大切さって戦争を体験した身にとっては、とても大事なことと感じるわけです。ところが、私はまた戦争になりそうな気配を感じるんです。

今の憲法があるおかげで戦争をしない国として、多くの外国から信用されていると思うんです。ところがその今、自衛隊派遣だとかイラク派遣だとかやって、さらに憲法改正して、アメリカと一緒に戦争に出かけようとしている。そうするとまた国民も戦争に巻き込まれるということになってしまう。その相手国には、今後憎まれますよね、自分の国の人たちが殺されたりするとね。そうすると日本人がどこかでやられる。敵視してやられる。

都合の悪いことは闇に葬る

国はもういろんなことで、とにかく都合の悪いことは闇に葬る。質問されても「お答えは差し控える」そういうことが特に最近の政権では多くなってきた。そうやってもうすべてね、都合の悪いことは全部隠してきてるでしょ、ほとんど黒塗りの書類を出したりする。もう安倍総理の時は、自分たちのイエスマンばっかり周りに置いて、異を唱える人は排除していく。だからＮＨＫも安倍総理のお友達が会長になったんですよね。それから変わってきたと思うんですよ。

私、今まで新聞を隅から隅まで読むのが好きだったんですが、今目が悪くなって読めなくなったもんですから、ラジオやテレビでニュースを聞いてるんですけど、そういうことに対して余り鋭く追及しない。圧力がかかっているんでしょうね。ＮＨＫはじめテレビの政権よりの報道、まあひどくなっていますよね。

お坊ちゃまが総理大臣になったりするでしょ。そういう人をおだてあげて、周りがいろいろ知恵をつけ、そして自分たちの都合の良いように政治を持っていくわけでしょ。だから庶民のことなどなんにもわかってない。全然わかろうともしない。今の政権が熱心な憲法改正に無関心でいると、いつか戦前のような戦争する国になってしまうかもしれません。若い人達に戦争で何が起きたかなど、それを伝えて若い人に考えてもらうのも大人の責任だと思うんです。

正義ほど危ないものはない

正義を振りかざす、そんなのは正義でもなんでもないのにね、コロナでもそうですけどね、変な正義感で誹謗するんですよ。また被害者を加害者に見立ててしまうこともある。それは人間としての弱さなのかしらね。

例えば病院に勤めてる看護師さんの家に対して、自分は正しいと思ってやってるんでしょうけども。「あそこの家の母親は病院に務めているのでコロナを持ってくるかもしれないから、子どもは危ないから近づけるな」そうやって結果的に中傷している。どうしてそういう風になるのかなあ。コロナを悪とする。それでそれにかかわる人を敬遠する。コロナは悪でもなんでもないですよね、ウイルスによる病気ですよ。その病気と戦っている人を敬遠するなんて。

戦争中は若者たちがすっかり洗脳されて、国のためなら、正義のためなら人を殺してもいいんだって洗脳されてしまう。それが怖いですね、人を殺してもいいんだっていう裏に、国や指導者の言うことが正義っていうんですかね、それを信じてしまう。また平和運動している人が、日本は戦争の加害国だ、空襲を受けたのは被害を受けたことの仕返しなのだからしょうがない。それも変な正義感ですね。今は社会に出ると会社に洗脳されてしまうこともある。私の知っている旧帝大系の有名大学教授が言うには、「すごく差別や矛盾などについて論じていた学生が卒業して一流企業に入って地位が上がるにつれて、差別する側になってしまう。だんだん権力者になっていくと、どうしても利益ばかり追及して役に立つ人間と立たない人間を分けてしまう。多分会社に尽くすことのみがその人にとっての正義になってしまう。」

今の人はゆとりがないいんじゃないかな、忙しく働いて。でも少しでも時間があれば本を読んでほしい。もう少し世界が広がると思う。

私はろくに学校も出ていないけれども、孤児のことを伝えようと思い立ったときからいろいろと本を読んだ。私は若い人達に難しい本でなくてどんな本でも良いから本を読むこと、歴史を知ることを是非してほしいと思います。若い人たちがどう生きるかによって未来の孫や子どもたちにもすごい影響してくると思うからです。

子どもたちのためにも追悼の施設を

私は上野駅の地下道などで餓死・凍死した子どもの追悼碑をぜひ建立してほしいと願っています。餓死《うえじに》した上野動物園の象さんの追悼碑はあり、毎年慰霊祭が行われていますが、餓死した子どもの碑はありません。戦争さえなかったなら親子楽しく暮らせたはずの子どもが、孤児・浮浪児としてもがきながら苦しんで死んでいきました。

追悼碑を建立して冥福を祈り哀悼をささげれば、魂は浮かばれると思います。きっと今の子どもたちを守ってくれると信じています。

落語家の林家三平さん（初代・故人）の奥様である海老名香葉子さんは、一六歳で落語家の金馬師匠宅に身を寄せるまで孤児として言葉に表せない辛く苦しい日々過ごし、時には雑草を食べて命を繋いできたそうです。そして東京大空襲に遭われた人を弔うために、二〇〇五年三月、上野の寛永寺の協力も得て自費で「慰霊碑　哀しみの東京大空襲」を建立したのです。

第三章　「哀しみの心」を伝える

寄稿　海老名香葉子

「哀しみの心」を伝える

東京大空襲のことは生涯私からは消えません。空襲で亡くなった八〇〇〇人もの焼死体がトラックで運ばれて、上野の山に埋められました。その後、掘り出されて荼毘《だび》にされたそうです。ロシアのウクライナ侵攻でも亡くなった人は墓に入れられ葬られているのです。東京大空襲では私の兄弟・親族一八名がいまだゆくえ不明です。

戦争の本当の悲惨さは体験した人でないとわからないと思います。

その体験を伝えることが私たちの役割だと思っています。

ロシアの一〇〇万人の母親が今回のウクライナとの戦争で苦しんでいるという知らせが私のところに届きました。侵略したロシアが悪いのはわかっています。でもそれは独裁者とそれを支える人が悪いのであって、ロシアの一般市民は苦しんでいるというのです。

戦争孤児などを経験したことの苦しさは私もわかります。そのことでの訴訟などがまだ続いていますが、でも責めてはいけないと思っているのです。

今、韓国と日本のあいだで従軍慰安婦などの問題があるでしょ。日本の厚き心ある謝罪を彼女たちは日本国から一言言ってほしいと思うんですよ。

個人としてでも良いから気持ちを伝える。その中で解決策を考える。それでも全然今のままより良いと思うんです。

二〇二一年三月八日、ヤングアメリカ臨時駐日大使から「第二次世界大戦中にお亡くなりになられた方々を厳粛に追悼する機会をいただき、ありがとうございます」と書かれた私信が自宅に届きました。

私は戦争が無きように、地球上のみんなが手をつないで平和に暮らしましょうと私は願っているのです。

そのため東京大空襲で亡くられた方を供養するために寛永寺浦井正明さまの御情をいただき現龍院墓地の前に「慰霊碑　哀しみの東京大空襲」を建立し、災害犠牲者のなき地球上の平和を伝えるために上野公園に「時忘れじの塔」平和の母子像を建てました。この母子像の空を指さしている少女は私です。

慰霊碑哀しみの東京大空襲　設立趣意　哀しみの心をいつまでも

今年は昭和二十（一九四五）年の第二次世界大戦の終結からちょうど六十年、あの本所、深川を中心とした三月十日の「東京大空襲」も、次第に人々の記憶から薄れていこうとしています。

この年は、元旦早々Ｂ29が飛来して、浅草付近を空襲したのに始まり、一月だけでも百機を越える来襲があり、五百発もの爆弾と二千五百発もの焼夷弾が投下され、何の罪もない千五百余人の一般市民が死傷されました。

その後も東京は、実に数十回にも及ぶ空襲を受け、中でも三月九日の夜半から十日にかけての空襲は言葉に絶する程凄まじいものでした。房総半島を経て飛来したB29は、十日の午前零時八分から一斉に下町を襲いました。この日来襲したB29は三百二十五機といわれ、実に千七百トンもの高性能焼夷弾を投下したのです。

人々は隅田川や上野公園を目指して必死に逃げましたが、このたった二時間の間に、実に十万人以上もの方が犠牲になられたのです。

慰霊碑哀しみの東京大空襲　設立趣意

それは今想いだしても、本当の地獄図といえる程、悲惨な光景でした。

そして、翌日からこの上野の山には焦土と化した下町から夥しい数のご遺体が運ばれて来ました。この慰霊碑の付近の道端にも、米俵や筵を掛けられたご遺体が並べられたのです。

やがて、大八車やリヤカーを引いて、ご遺体を引き取りにみえる方もありましたが、多くのご遺体は身元不明のままでした。

そうしたご遺体は、この近くに巨大な穴を掘って、そこに仮埋葬され二年後に改めて掘り起こされ、荼毘に付されたうえ、本所横網町の震災記念堂にお祀りされました。

無論、こうした東京への空襲はその後も続きました。なかでも、この上野の山とその周辺が罹災した五月二十四日、二十五日の空襲は、凄まじいものでした。

今、終戦から六十年の歳月が経ち、こうした生々しい記憶が次第に薄れていきつつある時、下町の焦土化を見守り、そこでの無辜の犠牲者を暖かく迎えたこの上野の山に、私たちは心からの慰霊碑を建て、東京全域に亘る悲惨な犠牲者の霊を弔い、これからの日本を支えていく若い人々に、この「哀しみの心」を伝えていきたいと希っているのです。

平成十七（二〇〇五）年三月十日
海老名香葉子
建立有志一同

時忘れじの塔（台東区上野公園内）

時忘れじの塔（上野公園内）

二〇〇五年（平成一七年）三月九日建立

関東大震災（大正十二年）東京大空襲（昭和二十年）東京にも、現在からは想像もできない悲しい歴史があります。

今、緑美しい上野の山を行き交う人々に、そのような出来事を思い起こしてもらうとともに、平和な時代へと時をつなげる心の目印として、この時計台を寄贈しました。

平成十七（二〇〇五）年三月九日

建立、寄贈　初代林家三平妻　海老名香葉子

建立有志一同

第四章　少年も戦争に駆り出された

（資料）

沖縄では少年も戦争に駆り出された

学童疎開の本質は「子どもを大事にするということが目的だったのではなく、次期戦闘要員の確保のため、一旦地方の安全な場所に避難させることが目的だった」のです。沖縄では米軍の上陸そなえ、国は「足手まといになる」と子どもたちの疎開を促していた。鹿児島県に疎開させるために学童が多数乗船していた対馬丸（疎開船）はアメリカの潜水艦によって撃沈され学童約八〇〇名が亡くなりました。このことは戦意が落ちることや疎開が進まなくなるということで、極秘にされたのです。また沖縄では戦争末期には疎開児童より少し年上の一五歳くらいの少年達を戦闘員として招集しました。次期戦闘員としてではなく、本当の戦闘員にしたのです。そして弱者は闇に消されたのです。

少年兵

一九四四年から軍隊への招集はそれまでの一九歳から、一七歳へ引き下げられ、さらに沖縄などでは一九四五年からは一四歳から志願すれば軍隊に入れるようになったのです。一九四五年は三月に東京は米軍による大空襲があり、四月には米軍が沖縄に上陸をした年です。

沖縄の日本軍は米軍の攻撃によりすでに戦闘能力は著しく損なわれていたのです。そんな状況下に本土から沖縄へやってきた陸軍中野学校の情報員たちは少年たちを集めて、ゲリラ戦部隊「護郷隊」を作りました。志願という形をとっていますが、実際には強制と言えるものでした。護郷隊に配属された少年たちには、死を恐れない従順な兵となるよう、徹底した教育が施され、米軍相手に戦いました。その数約一〇〇〇名と言われ、一六〇名が戦死したと言われています。「護郷隊」のことは戦後しばらくは語られておらず、いわば闇に消されていました。少年兵は正規軍ではないとみなされ戦後の補償対象からも外されています。一九八〇年ごろにようやく明らかになって来ました。この少年兵たちがどのような扱いを受けたのかを西日本新聞朝刊二五面「味方に殺されたなんて」（二〇二〇年六月二二日）より引用します。

つなぐ沖縄戦

茶封筒から取り出した一枚のモノクロ写真。丸刈りの少年とセーラー服を着た少女たちが緊張した面持ちで並んでいる。裏には「昭和拾八年卒業生　一八名　三月廿八日　高江洲義英《たかすぎぎえい》」と記されていた。

高江洲義英さんが亡くなる約2年前に撮影した国民学校高等科の卒業写真。後列左から4目が義英さん　写真：【西日本新聞me】

「運良く焼け残った兄の写真。幼いでしょう」。那覇市の高江洲義一《たかすぎいち》さん（八二）は写真を見つめながら語り始めた。兄は昭和一八（一九四三）年、写真に写る仲間と国民学校高等科を卒業。一年七カ月後に少年兵となり、沖縄本島北部の山中で命を落とした。一七歳だった。

一〇歳離れた兄と遊んだ記憶はほとんどない。ただ、米軍が本島に上陸する数カ月前、訓練の合間に沖縄県東村の実家に一時帰宅した日ははっきりと覚えている。

「当時珍しかった二色刷りの絵本を買ってきてくれてね。インキのにおいは頭を離れないさあね」。軍服姿の兄は軍靴を棒に引っ掛け、はだしだった。「靴擦れを起こしたんですよ。ほとんど履いたことがないから」。目の前の海で捕れたタコを湯がき、家族でつついたのが最後の晩餐《ばんさん》となった。

戦後、兄は骨となって戻ってきた。砲弾が当たり破傷風で死んだと聞いた。「畑作業に出ては兄の帰郷を待ちわびた母の姿が忘れられない」。既に二人の子を沖縄戦で失っていた母は頭蓋骨を抱いて泣き崩れた。

沖縄では三十三回忌で供養を一区切りする風習がある。節目の一九七七年六月に営まれた慰霊祭で、いつもは冷静な父が取り乱した。兄の元上官に詰め寄り「子どもを殺したのにあなたは生きているのか」と泣き叫んだ。「殺した」という言葉が心に残り続けた。

二〇一三年、本島北部を巡る平和学習バスツアーに参加した。兄が死んだとされる恩納村に近づき、座席から身を乗り出してガイドに尋ねた。「兄は護郷隊《ごきょうたい》でした。どこで、どんな死に方をしたか知りませんか」

この時、ガイドを務めていたのが名護市教育委員会市史編さん係の川満彰さん（六〇）。彼は、まさに少年ゲリラ部隊「護郷隊」の調査中だった。

味方に殺されたなんて
「故郷は自ら護《まも》る」

七五年前、旧日本軍がこう命名した護郷隊の実態は少年兵によるゲリラ部隊だった。大本営は沖縄戦を本土決戦までの時間稼ぎと位置づけ、少年兵は沖縄と一緒に「捨て石」にされる。

護郷隊には一四～一九歳の少年約千人が集められた。本島北部の山間部に潜み、米軍の進路を防ぐため橋を爆破するなどゲリラ戦を展開。死も恐れない少年兵は、米軍から「ゴキョウタイは手ごわい」と恐れられた。激戦に身を投じた隊の犠牲者は約一六〇人に上った。

「兵力不足は深刻で、召集の多くは法令違反だった」。名護市教育委員会市史編さん係の川満彰さん（六〇）はこう指摘する。

召集は陸軍省令に基づき行われた。一九四四年一一月に一九歳から一七歳に引き下げられ、翌一二月からは志願すれば一四歳から召集を可能にした。ただ、施行前の召集や親の承諾など必要な手続きを取らないことが多かったという。

川満さんは米軍嘉手納基地の町、コザ市（現沖縄市）で生まれ育った。「地元の子はみすぼらしい服に島草履。米軍の子はカラフルな服に革靴。フェンスの向こうは別世界さね」

団体職員の傍ら、三〇代で戦跡を訪ねる平和ガイドを始めた。沖縄の歴史を学ぶため四四歳で沖縄大大学院に入学。二〇〇八年に市教委の嘱託職員になり、護郷隊の調査に取りかかった。

先行の研究は証言の収集が不十分で「点と点の状態」。戦没者名簿や、護郷隊の結成に関わったスパイ養成機関・陸軍中野学校ＯＢがまとめた記録から生き残った隊員、将校を探した。

「一〇人殺したら死んでいいと教えられた」

「爆薬を背負って戦車に体当たりを命じられた」

「遅刻を理由に上官からスパイと見なされ、幼なじみに射殺された隊員がいた」

目の前の友の死に何も感じなくなったとの証言もあった。

調査から七年。ある元隊員が「軍医が少年を射殺した」と話した。

軍医は少年に毛布をかぶせて拳銃を発射。一発目が外れると少年は毛布を払って笑いだし、二発目で絶命したという。

少年の名は高江洲義英。バスツアーで熱心に質問した高江洲義一さん（八二）の兄だった。

元隊員は、重い病気やけがを負った隊員は足手まといになるため、射殺されたと証言。遺族への説明については「そんな残酷なことはできない」と尻込みしたが、一五年六月二三日の慰霊祭で対面した義一さんに兄の最期を教えてくれた。

その様子をテレビで見たいとこから、義一さんに連絡があった。

「やっぱり知らなかったのか」

いとこの兄は護郷隊から生還し、義一さんの父に全てを話していたという。三十三回忌で父が取り乱した理由がようやく分かった。「味方に殺されたなんてショックさ。でもモヤモヤは晴れた」

川満さんは証言は記録するだけでなく、どう生かすかが重要と思う。

「一人一人の生きた証しに耳を傾けると死者の名前がただの記録じゃなくなる。戦争の愚かさが、より理解できる」

沖縄戦で日本軍の組織的戦闘が終結して七五年。二三日に慰霊の日を迎える。市民約九万四千人を含む約二〇万人が犠牲になった地上戦の体験者は減り、県民の九割は戦後生まれになった。体験者の思いをどうつなぐのか。戦後世代の取り組みから沖縄戦と平和を考える。

西日本新聞・那覇駐在　高田佳典（二〇二〇年六月二〇日）

【参考文献】

『戦争孤児達の戦後史１総論編』浅井春夫・川満彰　編、吉川弘文館（二〇二〇年八月）

『陸軍中野学校と沖縄戦　知られざる少年兵「護郷隊」』川満彰　著　吉川弘文館（二〇一八年四月）
『少年ゲリラ兵の告白　陸軍中野学校が作った沖縄秘密部隊』ＮＨＫスペシャル取材班　著（新潮文庫）新潮社（二〇一九年七月）
『証言 沖縄スパイ戦史』三上智恵　著（集英社新書）集英社（二〇二〇年二月）

さいごに

前川喜平

本当に金田茉莉さんのような方のことを「生き証人」と呼ぶのだろう。死者は語れないし、生き残った人たちの中にも語ることができない人がたくさんいる。理不尽で残酷な苦しみを強いられた戦争孤児たちのことを知る人は少ない。私自身、おぼろげには知っていたものの、金田さんの話を伺い、また金田さんの書かれたものを読んで、初めて彼らの本当の悲惨さを知った。多くの戦争孤児には「死」よりも苦しい「生」があった。差別され、放置され、排除され、酷使され、売買され、学校にも行けず、まともな職にも就けず、野良犬のように扱われ、人間としての尊厳を踏みにじられる「生」。「浮浪児」と蔑まれ「盗むか、拾うか、恵んでもらうか三つに一つしかない」子どもたちには、餓死、凍死、中毒死という凄惨な末路に至る者も多かったという。何の罪もない子どもたちをこんな不幸な目に遭わせたのはいったい誰なのだ。

日本の各都市に焼夷弾による無差別爆撃を行った責任者は、当時アメリカ陸軍航空軍司令官だったヘンリー・アーノルドとその部下で爆撃集団司令官だったカーチス・ルメイだと言われている。彼らが行った行為は明らかに戦争犯罪だが、彼らは裁判にかけられるどころか、数々の勲章を授与された。ルメイには、あろうことか日本の天皇から勲一等旭日大綬章が贈られている。

原爆投下を命じたトルーマン大統領を含め、対日戦争におけるアメリカ側の戦争犯罪は、法廷ではさばかれなかったが、歴史の裁きは受けなければならない。

しかし、対米戦争を始めたのが日本の政治指導者だったことは厳然たる事実である。一九四一年一二月に東條英機内閣が対米開戦などという暴挙に踏み切らなければ、あの戦争による戦没者はいなかったし、戦災孤児も生まれなかった。対米開戦から過去にさかのぼれば、日中戦争（一九三七年）、満州事変（一九三一年）、第一次大戦（一九一四年）、韓国併合（一九一〇年）、日露戦争（一九〇四年）、日清戦争（一八九四年）と、明治以来の日本のアジア侵略の歴史がある。戦災孤児たちの言語に絶する苦しみは、日本のアジア侵略の歴史が最後にもたらしたものだったのだ。日本の戦争指導者の戦争犯罪は戦後東京裁判で裁かれたが、南京事件などが断罪された一方で、一九三八年暮れから一九四一年にかけて行われた事実上の無差別爆撃である重慶爆撃については、海軍でこれを主導した井上成美をはじめとして誰一人裁かれることはなかった。中国その他のアジア各国で日本軍は数限りない犯罪行為を行い、おびただしい民間人犠牲者を出した。そこにもたくさんの戦争孤児が生まれていたはずだ。国と国の間には加害国と被害国の別があるが、子どもたちはどちらの国でもすべて被害者である。

戦争の悲惨さ、その非人道性、そこで平然と行われる虐殺、暴行、性暴力、略奪、さらにその後に残された弱者に襲いかかる惨害。それは、そこに身を置いた人たちにとってはあまりにも痛切な経験だった。そしてその惨害を決して繰り返すまいとする強い思いは、国境を越え、勝者敗者の別を越えて共有される決意となった。国際連合憲章の前文は「われら連合国の人民は、われらの一生のうち二度まで言語に絶する悲哀を人類に与えた戦争の惨害から将来の世代を救」うことを「決意」すると謳っている。日本国憲法の前文は「政府の行為によつて再び戦争の惨禍が起ることのないやうにすることを決意」すると謳っている。戦争経験世代のこうした不戦の決意はその後の世代に引き継がれているだろうか。

この地球の上では今も各地で武力行使が行われ、子どもたちが犠牲になっている。プーチンによるウクライナ侵攻、イスラエルによるガザ攻撃、シリア内戦、ミャンマー国軍による民主派や少数民族への攻撃などが思い起こされる。人類は戦争という惨劇を繰り返す愚かな存在なのだろうか。

今日本の為政者たちは近隣諸国の軍事的脅威を喧伝して国民の不安をあおり、あからさまな大軍拡に乗り出そうとしている。憲法九条が辛うじて確保してきた自衛隊の「個別的自衛権」と「専守防衛」という歯止めは失われ、「集団的自衛権」の行使として日本が攻撃されていなくても武力行使ができるとされ、またその武力行使は「敵」が攻撃に「着手」した時点で行えるとされ、さらにその武力行使の目標は「敵基地」や「敵の中枢機能」にまで及ぶとされた。これはもはや先制攻撃と区別がつかない。「抑止力」の名目で軍拡を進めれば近隣国との間で疑心暗鬼を生み、必ず軍拡競争が起きる。東アジアの軍事的緊張が高まり、偶発的衝突が全面戦争に拡大する危険性も高まる。

戦争を始める人間は戦争で死なない。戦争を始める人間は戦争で儲ける人間とつながっている。それを具現化していたのが、ウクライナ侵攻後の二〇二二年八月にモスクワ郊外で開催された最新兵器の見本市に満足げな顔をして現れたプーチン大統領の姿だ。ウクライナ戦争ではロッキード・マーティン社などアメリカの軍事産業も大儲けしている。ひそかに戦争が長引くことを願っている者たちがいる。日本にも軍産複合体、さらには学術界を巻き込んだ軍産学複合体が作られようとしている。彼らはひそかに戦争を望んでいる。学校では国のために犠牲になることを美徳とする道徳教育が始まっている。戦争ができる国づくりと戦争ができる国民づくりとが同時に進行している。

こんな時代だからこそ、私たち日本人はもう一度、戦争の犠牲になった子どもたちのことをしっかりと脳裏に刻み付け直すことが必要なのだ。

著者紹介

金田茉莉

1935年東京浅草生まれ。戦争孤児の会元代表。戦争孤児の実態伝承によって「吉川英治文化賞」を受賞。

主な著作に『東京大空襲と戦争孤児―隠蔽された真実を追って』影書房（2002年10月）『かくされてきた戦争孤児』講談社（2020年3月）など。

前川喜平（対談）

1955年奈良県生まれ。大臣官房審議官、初等中等教育局長を経て2016年6月、文部科学事務次官。2017年退官

主な著作に『面従腹背』毎日新聞社（2018年6月）『権力は腐敗する』毎日新聞社（2021年9月）など、共著に「右傾化・女性蔑視・差別の日本のおじさん政治』くんぷる（2021年10月）など。

海老名香葉子（寄稿）

1933年東京本所生まれ。絵本作家、作家。林家三平と結婚。三平師匠の死後、一門の30名の弟子を支える。株式会社ねぎし事務所代表

主な著作に『ことしの牡丹はよい牡丹』文芸春秋（1983年）『うしろの正面だあれ』金の星者（1985年7月）『子供の世話になって死んでいきます』海竜社（2011年）など。

東　由希子　（表紙・カバー、本文イラスト）

主な著作に絵本『アル君の毛皮』文・今村ゆき、絵・東希紀子、くんぷる（2020年）など。

謝辞

「初めに」は『同朋新聞』（東本願寺出版）2020 年 7 月号より転載させていただきました。

戦争は弱者を犠牲にする

2023年4月17日初版発行
著者　金田茉莉・前川喜平・海老名香葉子（寄稿）
発行所　（有）くんぷる
印刷製本　モリモト印刷株式会社
ISBN978-4-87551-052-9

本書へのお問い合わせはinfo@kumpul.co.joへメールまたは
042-725-6028へFAXにてお願します。定価はカバーに記載しています。